Vegetarisch
ganz einfach

Fantasievolle Rezepte aus der Bioküche

UDO
EINENKEL

WAS SIE IN DIESEM BUCH FINDEN

WAS SIE IN DIESEM BUCH FINDEN

VORWORT

Eigentlich wollte ich Rockstar werden und Ihnen an dieser Stelle meine erste CD präsentieren. Leider war im Rockolymp kein Platz mehr frei, und so bin ich zum kulinarischen Showbusiness gewechselt. Hier hat es nun endlich gefunkt, und ich kann Ihnen mein erstes Kochbuch mit den vegetarischen Megahits aus meiner Zeit als Chef im Restaurant *Abendmahl* in Berlin und als Dozent für vitalstoffreiche Vollwerternährung präsentieren. Let's rock!

Mein Freund Alex war es, der mir immer wieder sagte, ich solle unbedingt ein Kochbuch machen. Ein Kochbuch mit all den Köstlichkeiten, die ich während meiner kulinarischen Rundreise als vegetarischer Koch und später in meinen Kochkursen gesammelt habe. Es sollte eine Rezeptsammlung mit Klassikern und mit Anregungen aus der neuen vegetarischen Küche sein, mit einfachen Rezepten, die ruck, zuck fertig sind. Mit Speisen, die man schon immer mal selbst gut kochen wollte und die den kulinarischen Horizont erweitern.

Natürlich ist es vitalstoffreich und vollwertig orientiert. Was das heißt? Ich benutze kein Auszugsmehl, sondern ausschließlich Vollkornmehl. Selbst grazile, feine Torten lassen sich ohne Problem mit Vollkornmehl herstellen. Auch Zucker werden Sie nicht in meinen Rezepten finden. Ich süße mit Honig und süßen Früchten. Margarine oder andere Industriefette sind in meiner Küche ein absolutes No-Go. Stattdessen verwende ich kaltgepresste Öle oder Butter. Warum ich diese Produkte vermeide, erkläre ich im Informationsteil genauer. Zusätzlich finden Sie im Anhang eine Liste mit Literaturempfehlungen rund um das Thema gesunde Ernährung..

Ein weiterer wichtiger Grundsatz in meiner Küche ist es, Lebensmittel nicht oder wenig zu erhitzen, damit sie nicht ihre Lebendigkeit und somit einen Großteil ihrer Vitalstoffe verlieren. Vitalstoffe aber sind essenziell für unsere Gesundheit. Auch aus diesem Grund befindet sich in meiner Menüplanung stets ein Anteil an Frischkost. Selbst Desserts lassen sich aus rohen Zutaten kreieren. Probieren Sie mal das Schokolademousse von frischen Avocados von Seite 154. Sie werden überrascht sein, wie lecker Rohkost sein kann!

Der intensive Geschmack in der vitalstoffreichen Vollwerternährung hat mich überzeugt. Sie ist gesund, frisch, naturbelassen und die Zubereitung der Lebensmittel ist nicht schwierig. Es ist die Symbiose aus Spaß und Gesundheit, die diese moderne Küche so lecker und erfrischend macht. Bioprodukte, frisches Obst und Gemüse, Pilze, Kräuter und Blüten sind deshalb auch die Grundpfeiler in meiner Küche. Das Aroma von frischen, natürlichen Bioprodukten ist intensiver. Es duftet gut am Arbeitsplatz, und ein gemischter Kräuterbund ist ebenso schön wie ein Blumenbouquet, an dem ich im Vorübergehen sogar noch naschen kann.

Oft werde ich von Seminarteilnehmern in meinen Kochkursen gefragt: »Was kann ich jetzt überhaupt noch essen?« So ging es mir auch, als ich begonnen hatte, mich mit einer gesunden Lebensführung auseinanderzusetzen. Die Angst, als freudloser Körneresser mein Leben zu fristen, war groß. Aber weit gefehlt – meine Ernährung hat sich seitdem um vieles verbessert! Es sind die frischen, naturbelassenen Zutaten, die meinen täglichen Speiseplan bereichern. In diesem Kochbuch finden Sie einige meiner Lieblingsrezepte. Sie werden feststellen, dass der Unterschied zur Zubereitung von klassischen Gerichten gar nicht so groß ist. Mit etwas Übung und Fantasie werden Sie bald selbst großen Spaß daran finden, die Rezepte nicht nur nachzukochen, sondern nach eigenem Geschmack weiterzuentwickeln und zu variieren. Das Gemüseregal im Bioladen oder die saisonalen Produkte auf dem Wochenmarkt werden Sie zu aufregenden Kreationen inspirieren – Sie müssen sich nur trauen, passieren kann ja nicht viel, denn schlimmstenfalls schmeckt es nicht.

Meine Erfahrung und feste Überzeugung ist, dass es drei gewichtige Gründe gibt, wenn Vollkorngebäck oder vegetarisches Essen nicht schmeckt. Entweder haben die Rezepte nicht gestimmt, der Koch war verliebt oder der Bäcker hatte einen in der Krone. Was die Rezepte betrifft, habe ich versucht, Sie an all' meinem Wissen und meiner Erfahrung teilhaben zu lassen, so dass nur noch der Bäcker oder Koch schuld sein können.

Übrigens: Durch die Umstellung gewinnen Sie in doppelter Hinsicht – an Genuss und an Wohlbefinden.

»Ein guter Song klingt auch im Kofferradio. Ein gutes Rezept funktioniert auch auf dem Campingherd.«

Guten Appetit wünscht
Udo Einenkel

BIO ISST MEHR ALS EIN GEFÜHL

Bio ist in. Bio-Produkte gibt es in Supermärkten, in Bio-Läden und auf Wochenmärkten. Die Verunsicherung, was nun eigentlich Bio ist und ab wann sich ein Produkt Bio nennen darf, ist deshalb groß. Wenn Sie auf ein paar Dinge achten, werden Sie sich gut zurecht finden.

Woran erkenne ich Bioprodukte?

Es ist eigentlich ganz einfach, denkt man: Wo Bio draufsteht, ist Bio drin. Grundsätzlich stimmt das auch, denn die Begriffe »Bio« und »Öko« (die im Übrigen dasselbe bedeuten) sind für den Handel gesetzlich definiert. Demnach dürfen Lebensmittel nur dann den Namensbestandteil »Bio-« oder »Öko-« tragen, wenn sie bestimmte Kriterien erfüllen. Dennoch sollte man beim Kauf genau hinschauen, denn manche Hersteller schmücken ihre Waren gerne mit Versprechen wie »kontrollierte Qualität« oder aus »integriertem Anbau« – wer hier nicht genau hinschaut, verwechselt diese Angabe schnell mit dem Qualitätsmerkmal »aus kontrolliert biologischem Anbau«. Also: Augen auf beim Bio-Kauf – denn es gibt untrügliche Zeichen für echte Bio-Produkte: Ganz sicher geht man, wenn man nach den gültigen Bio-Siegeln Ausschau hält. Auf Produkte, die damit gekennzeichnet sind, ist Verlass, denn sie entsprechen den Rechtsvorschriften für den Bio-Anbau.

Das deutsche staatliche Bio-Siegel (Künast-Siegel)

Bio-Siegel der Europäischen Union. Gültig seit 1. Juli 2010

Seit Juli 2010 gilt ein neues einheitliches Bio-Siegel für die gesamte EU, an dem man Produkte aus biologischem Anbau zweifelsfrei erkennen kann. Neu ist daran auch, dass alle verpackten Bioprodukte, die in einem EU-Mitgliedsland hergestellt wurden und die Normen erfüllen, mit diesem Siegel gekennzeichnet werden *müssen*. Trägt ein Produkt dieses Bio-Siegel also, so erfüllt es die EG-Rechtvorschriften für den ökologischen Landbau. Hier kann man getrost zugreifen.

Daneben gilt auch das seit 2001 existierende Siegel, das nur in Deutschland verwendet, aber über die Landesgrenzen hinaus bekannt ist. Weil es 2001 von der damaligen Verbraucherschutzministerin Renate Künast eingeführt wurde, wird es auch gerne als Künast-Siegel bezeichnet. Auch dieses Siegel garantiert, dass die EU-Kriterien eingehalten wurden.

Damit nicht genug: Bio-Anbauverbände wie Bioland, Demeter, Naturland und einige andere mehr haben ihre eigenen Siegel, mit denen Produkte zusätzlich gekennzeichnet sein können.

Klingt das zu kompliziert? Ist es aber nicht: Einfach auf das EU- oder das Bio-Siegel achten — so kann man sicher sein, Bio-Produkte zu bekommen.

Bio-Anbau streng nach Vorschrift

Wer Bioprodukte verkaufen will, muss sich einem Kontrollverfahren nach der EG-Öko-Verordnung unterziehen und erhält — wenn er alle Anforderungen erfüllt — ein Zertifikat der Kontrollstelle. Damit diese Standards auch eingehalten werden, werden alle Ökobetriebe mindestens einmal im Jahr kontrolliert. Bei solchen Inspektionen, die angemeldet oder unangemeldet durchgeführt werden, werden Saatgut, Futtermittel, Weideflächen, Ställe, Warenbestandsberichte usw. überprüft.

Die Anforderungen, die zertifizierte Produkte nach EG-Öko-Verordnung erfüllen müssen, beziehen sich sowohl auf den Anbau als auch auf die Verarbeitung. »Bio« ist nur, was lückenlos biologisch erzeugt wurde. Weder Gentechnik noch Bestrahlung noch die Verwendung von leicht löslichen mineralischen Düngern ist erlaubt. Stattdessen werden natürliche Methoden des Pflanzenschutzes durch Einsatz von Nützlingen und mechanische Unkrautbekämpfungmethoden sowie die Düngung mit natürlichen Materialien wie Mist und Grünpflanzen betrieben. Durch die geschickte Fruchtfolge und letzlich auch die Verwendung robuster Sorten kann so auf Chemie und Gift verzichtet werden. Das gilt weitestgehend genauso für die Tierhaltung: keine Wachstumsregulatoren und Hormone, möglichst viele selbst erzeugte Futtermittel, die natürlich auch den Bio-Vorschriften entsprechen müssen, Antibiotikagaben nur in absoluten Ausnahmefällen.

Auch in der Weiterverarbeitung werden strenge Maßstäbe angelegt. Die Verwendung von Zusatz- und Hilfsstoffen ist stark eingegrenzt — Geschmacksverstärker, künstliche Aromen und Farbstoffe dürfen ebenso wie Emulgatoren nicht eingesetzt werden. Für Bio-Produkte sind nur 36 verschiedene Zusatzstoffe erlaubt, bei konventionellen Produkten sind es dagegen 400.

Auch »echtes« Bio ist nicht gleich Bio

Aber auch bei den zertifizierten Bio-Produkten gibt es Unterschiede, denn die verschiedenen Anbauverbände wie z. B. Demeter und Bioland halten die EU-Bio-Verordnung selbstverständlich ein, haben darüber hinaus aber auch ihre eigenen, strengeren Kriterien. So richten sich beispielsweise Produzenten, die sich dem Demeter-Anbauverband angeschlossen haben, nach bio-dynamischen Regeln, die die Kräfte des Kosmos mit

einbeziehen. Demeter-Landwirte verstehen den ganzen Hof als individuellen Organismus. Das bedeutet, dass möglichst viel von dem, was dort erzeugt wird, einem Kreislauf zugeführt wird. So muss beispielsweise mindestens die Hälfte der Tierfutters vom Hof stammen. Ähnliches gilt auch für Anbau und Tierhaltung nach Bioland-Kriterien, und auch alle anderen Verbände haben Bestimmungen, die über den Mindeststandard hinausgehen. Produkte, die zusätzlich zum Öko-Siegel das Logo von Demeter oder Bioland aufweisen, sind sozusagen Bio-Produkte in Premium-Qualität.

Bio ist Leben – Bio ist Genuss

Unser Begriff »Bio« leitet sich aus dem Griechischen βίος, d.h. Leben, ab. Und dafür steht der Begriff auch heute. Denn was für uns gesund ist, ist auch für die Natur gut. Der ökologische Anbau belastet das Klima erheblich weniger, als es die konventionelle Landwirtschaft tut. Eine Langzeitstudie des Schweizer Forschungsinstituts für Biologischen Landbau in Therwil über 25 Jahre beweist, dass durch Bio-Landwirtschaft Energie gespart und dadurch der CO_2-Ausstoß reduziert werden kann. Denkt man über regionale Aspekte hinaus, so kann ökologischer Anbau helfen, Hunger und Armut in Dritte-Welt-Ländern zu verringern. Denn: Um immer billigere Futtermittel, z. B. Soja, für unsere Tierzuchten liefern zu können, werden dort in Monokultur Futtermittelpflanzen angebaut. Die Produktion von Grundnahrungsmitteln für die einheimische Bevölkerung kommt dadurch zu kurz. Menschen müssen also hungern, damit unsere Kühe und Schweine mit billigen Futtermitteln versorgt werden können.

Was die Lebensmittel- und Tierzuchtindustrie bereit sind zur Gewinnoptimierung zu riskieren, wird dann deutlich, wenn ein Dioxin- oder Gammelfleischskandal die Bevölkerung aufschreckt.

Es ist einfach ein gutes Gefühl, Nahrungsmittel essen zu können, ohne dabei an Pestizide, Chemiezusätze und Gesundheitsrisiken denken zu müssen. Und wer es probiert hat, weiß auch: Es schmeckt einfach besser.

Die wichtigsten Richtlinien der EG-Öko-Verordnung im Überblick

- Keine Konservierung mit ionisierender Strahlung
- Keine Erzeugung durch und mit gentechnisch veränderte/n Organismen
- Kein Einsatz von synthetischen Pflanzenschutzmitteln und leicht löslichen mineralischen Düngern
- Bis zu 5 % konventionell erzeugte Bestandteile erlaubt (auf bestimmte festgelegte Rohstoffe begrenzt)
- Stark eingegrenzte Verwendung von Zusatz- und Hilfsstoffen bei verarbeiteten Produkten (keine Geschmacksverstärker, künstliche Aromen, Farbstoffe, Emulgatoren)
- Geregelte Einfuhr von Rohwaren und Produkten aus Drittländern mit strenger, chargenbezogener Kontrolle
- Keine Verwendung von Pflanzenschutzmitteln
- Abwechslungsreiche Gestaltung von Fruchtfolgen (Zwei-, Drei- und Vierfelderwirtschaft)
- Artgerechte Tierhaltung mit Weideauslauf und ökologisch produzierten Futtermitteln ohne Zusatz von Antibiotika und Leistungsförderern, keine Hormone, kein Tiermehl

VEGETARISCH GENIESSEN

»Balanciere dein Leben mit dem richtigen Essen,
Ich hoffe nur, du wirst doch keine Tiere fressen.
Alle fressen Fleisch, das zieht dich runter, Mann,
Ich bezweifle stark, dass man dann die Wahrheit sehen kann.«
Nina Hagen

Als mir in den 1980er-Jahren eine Journalistin die Frage stellte, was denn das Besondere an der vegetarischen Küche sei, antwortete ich: »Wenn sie gut gemacht ist, ist sie leicht, aromatisch und friedlich.« Und das kann ich auch heute noch unterstreichen: Niemand wird bei gut zubereiteten vegetarischen Gerichten das Fleisch vermissen, auch Fleischesser nicht. Denn gute vegetarische Gerichte sind frisch, gesund, voller wunderbarer Aromen und damit einfach köstlich. Ich lebe seit 30 Jahren vegetarisch und habe es nie als Verzicht, sondern vielmehr als eine Bereicherung meines Lebens empfunden.

Was ist Vegetarismus?

Es ist schon erstaunlich, welche Vorstellungen über die vegetarische Ernährungweise kursieren. Manche vertreten die Meinung, Vegetarier würden auf rotes Fleisch verzichten, Fleisch von Schwein oder Geflügel aber durchaus verzehren. Andere differenzieren, wie es auch gerne in Kochbüchern gemacht wird, zwischen Fleisch, Fisch, Geflügel, Wild und Wurst und gehen dementsprechend davon aus, dass Vegetarier alles außer den Lebensmitteln essen, die unter die Kategorie Fleisch fallen. Oft wird aber auch verunsichert nachgefragt, ob man als Vegetarier überhaupt Käse essen und Milch trinken dürfe. Höchste Zeit, hier einmal für Klarheit zu sorgen: Vegetarier essen keine Tiere, ohne Wenn und Aber.

Gemeinsam ist allen Vegetariern, dass sie weder Fleisch noch Fisch essen, auch stark verarbeitete Produkte vom Tier wie Gelatine gehören selbstverständlich dazu. Es gibt aber verschiedene Ausprägungen: Diejenigen, die keine Tiere, wohl aber von Tieren Produziertes essen, nennt man auch Ovo-Lacto-Vegetarier (lateinisch für Ovo = Ei und Lacto = Milch). Milch, Milchprodukte, Eier und Honig gehören auch auf ihren Speiseplan. Die Lacto-Vegetarier verzichten dagegen auf Eier, Ovo-Vegetarier dementsprechend auf Milch und Milchprodukte. Eine der strengsten Formen des Vegetarismus ist der Veganismus. Veganer verzichten auf alles, was tierischen Ursprungs ist. In der Ernährung sind das Milch, Eier und Honig, aber auch in anderen Lebensbereichen wird alles Tierische gemieden, wie z. B. Leder und Felle. Sogenannte Puddingvegetarier tendieren dagegen in eine ganz andere Richtung. Sie ernähren sich fast ausschließlich von süßen Sachen und damit zu einem großen Anteil von raffiniertem Zucker und Auszugsmehlen. Dass diese einseitige Ernährung alles andere als gesund ist, kann man sich vorstellen.

Die Europäische Vegetarier-Union hat das V-Label zur Kennzeichnung von vegetarischen Produkten und Dienstleistungen eingeführt, die das klare Identifizieren von vegetarischen oder veganen Produkten deutlich erleichtern soll. Anders als die Bio-Siegel ist dieses Label aber nicht vorgeschrieben und wird erst von wenigen Herstellern eingesetzt. Die Abwesenheit des Labels bedeutet also nicht, dass das Produkt nicht vegetarisch oder vegan ist. Hier heißt es also weiterhin Zutatenlisten studieren.

Ganz ohne Fleisch und Fisch – ist das denn gesund?

Kann der Mensch sich ohne Fleisch und Fisch gesund zu ernähren? Diese Frage bekomme ich in meinen Kochkursen und bei meiner Tätigkeit als Ernährungs- und Gesundheitsberater häufig gestellt. Dazu kann man heute mit Sicherheit sagen: »Ja!« Eine ausgewogene, naturbelassene vegetarische Ernährung liefert uns alle essenziellen Bausteine, um gesund zu leben. Besonders Männer treibt die Sorge um Eiweiß-Unterversorgung um. Auch hier wieder ein klares »Ja« zur vegetarischen Ernährung, denn Eiweiß ist auch in pflanzlichen Lebensmitteln enthalten, in Milch und Eiern sowieso. Auch die Angst vor Unterversorgung mit Vitamin B_{12} ist weitverbreitet. Dieses Vitamin, das eine wichtige Rolle bei der Zellteilung, der Blutbildung und im Nervensystem spielt, wird von Mikroorganismen gebildet und kommt nur in tierischen Lebensmitteln vor, also auch in Milch und Eiern. Eine Ausnahme bei den pflanzlichen Lebensmitteln bildet milchsauer Vergorenes wie Sauerkraut. Ovo-Lacto-Vegetarier haben also keinen Mangel zu befürchten. Nur für Veganer kann die Versorgung tatsächlich schwierig werden.

In vielen, teilweise über Jahrzehnte laufenden Studien schneidet eindeutig die vegetarische Ernährung als die gesündere ab. So geht aus einer Langzeitstudie des Deutschen Krebsforschungszentrums hervor, dass Vegetarier deutlich länger leben als der Bevölkerungsdurchschnitt. Was, zugegebenermaßen, auch damit zu tun hat, dass Vegetarier in der Regel in allen Lebensbereichen auf eine gesunde Lebensführung achten, wie z. B. maßvolle sportliche Betätigung, kein Nikotin, wenig Alkohol, viel frische Luft, wenig Süßes. Mit der vegetarischen Ernährung geht offensichtlich ein Bewusstsein für gesundes Leben einher.

Der Trend zu weniger Fleisch wird selbst von der DGE, der Deutschen Gesellschaft für Ernährung, unterstützt. Sie empfiehlt, den Durchschnittsverzehr von zurzeit 60 Kilo Fleisch pro Jahr auf 20 Kilo zu reduzieren sowie auf ein Drittel der Milchprodukte und die Hälfte der Eier zu verzichten.

Zu guter Letzt spricht auch der Stoffwechsel des Menschen für pflanzliche Nahrung, denn die Verstoffwechselung von Fleisch ist für den menschlichen Organismus aufwendiger und anstrengender als die von Obst und Gemüse. Und vielleicht sollte es uns auch zu denken geben, dass uns der Anblick von Schlachthöfen Ekel bereitet, während der einer Obstwiese unser Herz erfreut.

Vegetarisch leben heißt Verantwortung übernehmen

Angesichts sich häufender Lebensmittelskandale, die fast immer mehr oder weniger mit nicht artgerechter Tierhaltung in Beziehung gesetzt werden können, vergeht vielen Verbrauchern der Appetit auf das tägliche Stück Fleisch; die Anzahl der Vegetarier steigt. In Deutschland leben mittlerweile ca. 2,5 % aller Menschen vegetarisch, der Anteil an Frauen ist höher als der Männeranteil. Vor wenigen Jahren noch belächelt, werden Vegetarier heute längst nicht mehr so häufig als körnerfressende Spaßbremsen abgestempelt. Sie erbringen Höchstleistungen in Wissenschaft, Politik und Kultur. Bekannte Vegetarier waren oder sind z. B. Leonardo da Vinci, Albert Einstein, Cameron Diaz, Nena und Barbra Streisand.

Letztlich kann man das große Ernährungsungleichgewicht auf unserer Erde auf den enormen Fleischkonsum in den Industrienationen zurückführen. Schon heute werden 60 % des in Deutschland erzeugten Getreides für Tierfutter verwendet, in den USA sind es sogar 70 %. Die selbst erzeugten Mengen reichen dabei noch nicht aus, sodass Getreide aus Dritte-Welt-Ländern importiert werden muss. Sechs bis sieben Kilo Getreide werden zur Erzeugung von einem Kilo Fleisch benötigt. Die Tierhaltung emittiert mehr Treibhausgase als die Pflanzenproduktion, 18 % der Treibhausgas-Emissionen gehen auf die Viehwirtschaft zurück. Berechnet man den Energieverbrauch für die gesamte Verarbeitungskette hinzu, ist das mehr als die Emissionen von allen Autos, Schiffen und Flugzeugen zusammen.

Diese erschütternden Zahlen zeigen, dass eine auf Fleisch basierende Ernährungsweise mehr Land-, Energie- und Wasserressourcen beansprucht als die vegetarische. Es ist ganz klar: Das kann nur in eine Sackgasse führen. Die vegetarische Ernährungsform ist nicht nur zukunftweisend für unsere eigene Gesundheit, sondern auch für die Erhaltung und Gesundung der Erde.

Lieben Sie also Ihren Körper und Ihren Geist und essen Sie die Dinge, nach denen Sie sich leicht und erfrischt fühlen. Die Erhaltung unseres Planeten, die Liebe zu den Tieren, ethische Gründe und gesundheitliche Erwägungen sprechen für eine vegetarische Lebensweise. Wem das noch nicht genug Argumente sind, der lasse sich einfach Folgendes auf der Zunge zergehen: Vegetarisch ist Genuss!

VITALSTOFFREICHE VOLLWERTERNÄHRUNG

Vollwertkost – der Begriff ist für viele noch immer gleichbedeutend mit genussloser Körnermampferei, von wollsockentragenden Vollbartbesitzern mit erhobenem Zeigefinger propagiert. Das war vielleicht tatsächlich einmal so. Je nachdem, was man daraus macht, können die Vollwertkost und die daraus entwickelte vitalstoffreiche Vollwerternährung heute aber genussvolle und ausgewogene Ernährungsmethoden sein, die zur Gesundheit genauso beitragen wie zur Lebensfreude, weil sie abwechslungsreich und einfach lecker sind.

Was ist Vollwertkost?

Möglichst frisch und wenig verarbeitet sollen die Lebensmittel sein, damit ist das Prinzip der Vollwerternährung schon sehr gut zusammengefasst. Auf dem Vollwert-Speiseplan stehen daher viel Rohkost und Vollkornprodukte. Keine Sorge, das bedeutet nicht, dass nur noch rohe Möhren und Salatblätter gemümmelt werden dürfen, denn der Genuss soll ja nicht zu kurz kommen. Die richtige Mischung macht's. Außerdem sind einige Lebensmittel im gekochten Zustand wesentlich besser verdaulich und verwertbar oder sogar erst dann genießbar.

Vollwerternährung bedeutet heutzutage aber auch, über den eigenen Tellerrand hinauszuschauen und Umweltverträglichkeit (biologischer Anbau) und Handelsbedingungen (fairer Handel, regionale Produkte) genauso im Blickfeld zu haben wie die Naturbelassenheit der Lebensmittel.

Wie alles begann

Die Verbreitung der vollwertigen Ernährung begann mit dem Schweizer Arzt Dr. Maximilian Bircher-Benner. Er erkannte schon um die Wende zum 20. Jahrhundert, wie gesund und sogar heilsam Rohkost ist, und entwickelte das berühmte und noch immer vielgeliebte Bircher-Benner-Müsli (oder -Müesli, wie es in der Schweiz heißt). Auf Bircher-Benners Erkenntnissen baute der Mediziner Werner Kollath seine Ernährungsthesen auf und prägte im Jahr 1942 den Begriff »Vollwertkost«. Sein Appell »Lasset die Nahrung so natürlich wie möglich« drückt aus, dass der Wert eines Lebensmittels umso höher ist, je weniger es verarbeitet wird. Die Einstufung der Wertigkeit eines Lebens- oder Nahrungsmittels konnte man aus der sog. Kollath-Tabelle ablesen. Aus diesen Theorien entwickelte in den 1960er-Jahren der Arzt Max Otto Bruker einen eigenen Ansatz, die vitalstoffreiche Vollwerternährung.

Was ist vitalstoffreiche Vollwerternährung?

Bruker, der über Jahrzehnte seine Ernährungsprinzipien lehrte, selbst danach lebte und 2001 im hohen Alter von 92 Jahren starb, führte 80 % aller Krankheiten auf die Ernährung mit stark bearbeiteten Lebensmitteln zurück. Dazu zählte er raffinierten Zucker, Auszugsmehle und gehärtete Fette – die Grundstoffe, die heute selbstverständlich als Basis vieler Nahrungsmittel dienen.

Zu den Vitalstoffen gehören: Vitamine, Enzyme, Mineralstoffe, Spurenelemente, ungesättigte Fettsäuren, Aromastoffe und Faserstoffe. Die Vitalstoffe sind neben den Nährstoffen wie Kohlehydrate, Eiweiße und Fette für alle Stoffwechselvorgänge im Körper unentbehrlich. Sie sind in den richtigen Mengen aufgenommen lebensnotwendig.

Zwei Grundpfeiler für eine gute, gesunde Ernährung

Durch Erhitzen, Konservieren und andere Verarbeitungsmethoden verlieren Lebensmittel ihre Lebendigkeit – also ihre Vitalität –, weil die Vitalstoffe zerstört werden oder ihr Anteil vermindert wird. Aus »Lebensmittteln« werden so tote »Nahrungsmittel«. Das lässt sich zum Beispiel gut an einem Getreidekorn beobachten: Nach dem Erhitzen eingepflanzt, wird es nicht mehr keimen. Es hat seine Lebendigkeit verloren. Das

passiert vergleichbar auch im menschlichen Körper bei hohem Fieber: Über 43 Grad Körpertemperatur sind tödlich, weil Eiweiße denaturiert werden. Der Mensch ist nicht mehr lebensfähig.

Lebendigkeit aber ist ein entscheidender Aspekt in unserer Nahrung, der unseren Körper gesund erhält. Ein hoher Anteil an möglichst unverarbeiteten Lebensmitteln ist in unserer Ernährung also wesentlich. Nicht zuletzt trägt der Gehalt an Vitalstoffen auch viel zum Aroma eines Lebensmittels bei und gibt ihm seinen typischen, unverwechselbaren Geschmack.

Auch der Begriff »Vollwertigkeit« lässt sich an einem Beispiel veranschaulichen. Ein Apfel, der so verzehrt wird, wie die Natur ihn anbietet, ist vollwertig – alle gesunden Inhaltsstoffe sind noch vorhanden. Sobald er geschält wird, verliert er einen Teil seiner natürlichen Inhaltsstoffe, weil sich u.a. ein Großteil der Vitamine direkt unter der Schale befindet. Durch das Schälen nimmt man dem Apfel also einen Teil seiner Lebendigkeit, er ist dann nicht mehr vollwertig. Noch mehr verliert er durch das Erhitzen oder das Konservieren.

Was gehört auf den Teller, was besser nicht?

Viel muss man also nicht beachten, wenn man nach den Prinzipien der vitalstoffreichen Vollwerternährung leben möchte. Vermeiden sollte man:
– alles, was mit Auszugsmehl hergestellt wurde
– alle Fabrikzuckerarten (z.B. weißer Zucker, Roh-Rohrzucker, Agavendicksaft und Ahornsirup)
– alle raffinierten, fabrikatorisch hergestellten Öle und Fette (z.B. Margarine)
– gekochtes Obst, Trockenfrüchte
– bei Menschen, die an Magen, Darm, Leber oder Galle empfindlich sind: Obst- und Gemüsesäfte (selbst hergestellt oder gekauft)

Auf dem täglichen Speiseplan sollten stehen:
– Vollkornbrot
– Frischkornmüsli
– rohe Gemüse und rohes Obst (z.B. als Salat)
– naturbelassene Öle und Fette (extra vergine, kaltgepresst oder nativ)
– Butter und Sahne

ERNÄHRUNGSTIPPS

Grau ist alle Theorie, deshalb möchte ich Ihnen einige Tipps mit auf dem Weg geben. Wenn Sie diese Ratschläge im Hinterkopf behalten, kann beim nächsten Einkauf kaum mehr etwas schief gehen.

Gute Lebensmittel sind lebendige Lebensmittel

»Lasst die Nahrung so natürlich wie möglich« – dieses Credo von Prof. Dr. Werner Kollath bietet die beste Orientierung beim Einkauf und bei der Zubereitung von Lebensmitteln. Denn heute beinhaltet die Produktion von Nahrungsmitteln so viele Verarbeitungsschritte, die oft fragwürdig und sogar gesundheitsschädlich sind, dass man schon genau hinschauen muss, was in den Topf und auf den Teller kommt. Hier ein kleiner Überblick über gute, gesunde Lebensmittel und Zubereitungen.

Obst und Gemüse

Obst und Gemüse sind gesund – das weiß heute jedes Kind. Damit wir das Beste von den leckeren Früchtchen haben, sollten Obst und Gemüse nach Möglichkeit mit der Schale gegessen werden, denn direkt unter der Schale sitzen die meisten Vitamine. Entgegen der weitverbreiteten Vorstellung entfernt man durch das Schälen auch keineswegs alle Giftstoffe, mit denen die Früchte behandelt worden sein könnten. Pestizide, Herbizide und andere Pflanzenbehandlungsmittel dringen durch die Schale in das Fruchtfleisch oder werden über die Wurzeln von der Pflanze aufgenommen. Das Schälen macht die Früchte also kaum gesünder, sondern

nimmt ihnen im Gegenteil noch wertvolle Inhaltsstoffe. Wer beim Kauf auf Bioanbau achtet, kann sicher sein, unbehandelte Früchte zu erhalten.

Getreide

Lange kannte der Großteil der Bevölkerung nur Vollkornmehl aus dem ganzen Korn, bis im 19. Jahrhundert die ersten Getreidemühlen in Betrieb genommen wurden, die den Keimling und die Randschichten vom Korn entfernen konnten. Das schöne, weiße Mehl war plötzlich nicht länger Statussymbol der Oberschicht, sondern wurde für alle Bevölkerungsschichten erschwinglich. Von Bäckern wurde es gerne verarbeitet, weil es haltbarer war und bessere Backeigenschaften hatte. Weil es durch die neue Mahltechnik aber wichtige Vitamine, Mineralstoffe, Spurenelemente und Faserstoffe verlor, hatte das gerade bei den armen Schichten, für die Brot ein Hauptnahrungsmittel war, schwere Folgen in Form von Mangelerkrankungen.

Heute bekommt man Mehle in ganz verschiedenen Ausmahlungsgraden, vom feinen Weißmehl mit geringem Mineralstoffgehalt bis zum Vollkornmehl, bei dem das ganze Korn vermahlen wird. Wie viele Mineralstoffe in einem Mehl noch enthalten sind, wird über die Mehltype in mg/100 g Trockensubstanz angegeben.

So hat die verbreitetet Type 405 einen Mineralstoff-gehalt von 405 mg in 100 g Trockensubstanz. Mehl-typen mit höheren Zahlenangaben haben einen dem-entsprechend höheren Mineralstoffgehalt. Vollkornmehl steht ganz an der Spitze. Am besten, man verwendet es frisch vermahlen, denn dann haben seine wertvollen Inhaltsstoffe weder durch Erhitzung noch durch Lage-rung gelitten. In vielen Bioläden und Reformhäusern kann man sein Mehl ganz frisch mahlen lassen. Noch praktischer ist eine eigene Getreidemühle.

Zucker und andere Süßungsmittel

Wo vor 150 Jahren der Mensch noch mit 5 g Zucker am Tag auskam, sind es heute 150 g – die dreißigfache Menge! In Kilogramm ausgedrückt, versüßt sich jeder das Leben mit 55 Kilogramm Zucker im Jahr. Dass diese Menge deutlich zu hoch ist, liegt auf der Hand. Und dass Zucker ungesund ist, lernen heute auch schon die Kleinsten. Zucker verursacht Karies, macht dick und hat keine gesunden Inhaltsstoffe zu bieten, sondern nur reine Kalorien. Zucker ist ein Kunstprodukt. Die meisten Süßungsmittel, egal ob weißer oder brau-ner Roh-Rohrzucker, Agavendicksaft, Ahornsirup und viele andere, werden industriell mit hohem techni-schem Aufwand aus ihren verschiedenen Ausgangs-produkten hergestellt. Durch starke Hitzezufuhr, Fil-trieren, Auslaugen, Eindampfen usw. entstehen völlig wertlose Nahrungsmittel. Die isolierten, konzentrierten Kohlenhydrate benötigen zum Abbau im Körper Vita-min B1 und Calcium. Da der Zucker selbst keine Vita-mine und Mineralstoffe mehr mitbringt, muss er sich diese aus den Depots im Körper, genauer gesagt aus dem Skelett, holen. Das kann bei hohem Zuckerkon-sum langfristig im wörtlichen Sinne an die Substanz gehen. Folgen können Arthrose, Arthritis, Bandschei-benvorfall, Knieprobleme und rheumatische Erkran-kungen sein.

Aber wer möchte schon komplett auf Süßes verzichten? Eine leckere und gesunde Alternative können süße Früchte sein. Auch Honig empfiehlt sich zum Süßen, besonders Akazienhonig, da er kaum Eigengeschmack hat. Leider hat aber auch der Honig seine Schattensei-ten, denn er kann wie Zucker Karies verursachen.

Um das Verlangen nach Süßem einzudämmen, hilft es, auf Süßungsmittel zu verzichten. Das mag anfangs schwer sein, schon bald werden Sie aber feststellen, dass Ihr Verlangen nach Süßem abnimmt. Essen Sie einfach mehr Obst und Sie werden nichts vermissen.

Milch und Milchprodukte

Der Mensch ist das einzige Lebewesen, das in der Lage ist, Milch auch im Erwachsenenalter zu verdauen – al-lerdings mit Einschränkungen. Denn diese Fähigkeit, die sich vor wenigen Jahrtausenden durch Mutationen erst entwickelt hat, betrifft fast ausschließlich Europäer und nimmt in Richtung Südeuropa schon stark ab. Die Mehrheit der Menschen kann also keine Milch vertra-gen, schließlich ist Kuhmilch für das Kalb und nicht für den Menschen bestimmt. Kein Wunder also, dass viele Menschen an Allergien erkranken, weil sie das fremde Eiweiß nicht vertragen, oder eine Unverträglichkeit gegen Lactose entwickeln. Anders verhält es sich mit Milchprodukten wie Butter, Sahne, Schmand und Crème fraîche. Sie bestehen fast nur aus dem Milch-fettanteil, der das schwer verträgliche Eiweiß nur noch in minimalen Mengen enthält. Käse dagegen hat einen deutlich höheren Eiweißanteil.

Übrigens werden zur Herstellung von einem Kilo-gramm Käse im Durchschnitt sechs bis zwölf Liter Milch benötigt. In 100 g Käse befinden sich also etwa 900 g Milch. Das zeigt: Käse ist ein Konzentrat und sollte deshalb sparsam verzehrt werden.

Die Hersteller von Milchprodukten suggerieren uns gerne, dass wir Milch benötigen, um mit Calcium ausreichend versorgt zu werden. Ein plumper Verkaufstrick, der sich leicht aufdecken lässt, denn Calcium befindet sich auch in ausreichenden Mengen in anderen Lebensmitteln. Eine Unterversorgung muss man auch ohne Milch nicht befürchten. So finden sich in 100 g Haselnüssen 225 mg Calcium, in der gleichen Menge Grünkohl 210 mg. 100 g Milch haben dazu im Vergleich einen Calciumanteil von 120 mg.

Eiweiß

Eiweiß, oder Protein (von griechisch protos: das Ursprüngliche), ist ein wichtiger Baustein unserer Zellen. Ohne Eiweiß kein Leben. Dabei spielt es keine Rolle, ob wir tierisches oder pflanzliches Eiweiß zu uns nehmen – vor Unterversorgung brauchen wir uns nicht zu fürchten. Noch vor hundert Jahren lag die Eiweißempfehlung bei 120 g pro Tag, heute empfiehlt die Weltgesundheitsorganisation (WHO) nur noch 30 bis 50 g pro Tag, und die nehmen wir locker zu uns. Nicht nur das: In unseren Breiten ist der Eiweißverzehr sogar oft viel zu hoch. Noch deutlicher zeigt uns die Natur, welche Eiweißmenge wir wirklich brauchen: Muttermilch enthält durchschnittlich 1,5 bis 2,5 Prozent Eiweiß; mit dieser geringen Menge ist der heranwachsende Säugling ausreichend versorg.

Hier ein paar Beispiele für pflanzliche Lebensmittel mit hohem Eiweißanteil: 100 g Bohnen enthalten ca. 22 g Eiweiß, Erdnüsse fast 30 g und Weizen ca. 11 g. Aber nicht nur die Quantität ist entscheiden, ebenso wichtig ist die Qualität vom Eiweiß. Durch Erhitzen wird Eiweiß denaturiert und verliert an Wert für unseren Organismus. Nicht erhitztes Eiweiß aus frischem Obst und Gemüse, aus Salaten und Nüssen ist also die bessere Wahl für unsere Eiweißversorgung.

Öle und Fette

Fett macht keineswegs nur fett. Im Gegenteil: Fett ist für den Menschen lebenswichtig, denn es ist nicht nur ein wichtiger Energielieferant, sondern auch unter anderem notwendig für die Verwertung der fettlöslichen Vitamine.

Leider sind Fette auch ein sehr beliebtes Fressen für die Lebensmittelindustrie, die die vielfältigsten Verfahren entwickelt hat, um sie zu verändern, z. B. sie zu härten. Margarine beispielsweise ist ein künstliches Produkt aus verschiedenen ölhaltigen Lebensmitteln, deren Öle durch aufwendige chemische Prozesse so verändert werden, dass ein butterähnliches, streichfähiges Produkt entsteht. Von den Vitalstoffen, die im Ausgangsprodukt noch enthalten waren, bleibt dann natürlich nicht mehr viel übrig. Um dennoch ein »gesundes« Produkt verkaufen zu können, werden sie in künstlicher Form wieder dazugegeben. Noch bedenklicher sind die gesundheitsschädlichen Trans-Fettsäuren, die bei diesem Prozess entstehen. Solcherart gehärtete Fette befinden sich in Keksen, Kuchen, Süßigkeiten, Salatsaucen, Pizza … eigentlich in fast allen Fabriknahrungsmitteln.

Kaltgepresste Öle, Butter und Sahne sind dagegen Öle und Fette, die kaum oder gar nicht verändert wurden, noch voller Vitalstoffe stecken und seit Tausenden von Jahren von Menschen verzehrt und gut vertragen werden. Butterfett muss nicht erst in der Leber in verwertbare Fettsäuren umgewandelt werden, sondern wird direkt vom Körper verwendet. Kaltgepresste Öle enthalten viele einfach und mehrfach ungesättigte Fettsäuren, die eine enorme Wichtigkeit für unseren Organismus haben. Achten Sie bei der Zubereitung darauf, so wenig Öle und Fett wie möglich zu erhitzen, geben Sie lieber später noch etwas unerhitztes Öl dazu.

Brot

Brot zählt neben Obst und Gemüse zu den wichtigsten Grundnahrungsmitteln, die den Körper mit Vitalstoffen versorgen. Ein Vollkornbrot ist wegen seines hohen Vitalstoffgehaltes immer die bessere Wahl. Aber aufgepasst beim Brotkauf: Nicht alles, was eine dunkle Krume und eine Körnerkruste hat, ist ein Vollkornbrot! Nach dem Gesetz darf sich ein Brot auch dann noch Vollkornbrot nennen, wenn der Vollkornmehlanteil bei gerade einmal 90 % liegt. Darüber hinaus werden Brote aber auch gerne mit Malz oder Zuckercouleur braun gefärbt und mit schön klingenden Namen versehen, um den Anschein eines gesunden Vollkornbrotes zu erwecken.

Und damit nicht genug: Der Gesetzgeber erlaubt bei der Brotherstellung im konventionellen Bereich viele Zusätze, die nicht als Backmittel deklariert werden müssen. Hier nur ein paar Beispiele: Calciumsulfat (Gips) verbessert als Stabilisator die Eigenschaft der Brotkrume, Diacetylweinsäureester dient als Emulgator und bläht die Brötchen auf, Cellulose hält die Brotkrume länger frisch, Natrium-, Kalium und Calciumsalze der Speisefettsäuren machen den Teig maschinenfreundlich, großvolumig und geeignet zum Einfrieren, Ascorbinsäure macht ihn weicher, L-Cystin (das übrigens oft aus Haaren asiatischer Frauen hergestellt wird) sorgt für »echten« Brötchenduft und Schimmelpilzamylase macht das Brot größer und lockerer. Das ist noch längst nicht alles.

Wenn das nicht genügend Gründe sind, beim Brotkauf immer nachzufragen, ob es sich um ein hundertprozentiges Vollkornbrot handelt, und sich für Bioware zu entscheiden. Kaufen Sie Brot bei einem Bäcker Ihres Vertrauens oder backen Sie selbst! Sie werden überrascht sein, wie viel Freude es macht, ein eigenes Brot herzustellen. Den leckeren Brotduft, der durch Ihre Wohnung zieht, bekommen Sie noch gratis dazu.

Frisch und knackig – die Basics der Vollwertküche

Frischkost/Rohkost

Frischkost ist knackig, lecker und gibt jeden Tag ausreichend Energie, um gesund durchs Leben zu gehen. Die Begriffe Frischkost bzw. Rohkost stehen ganz einfach für Speisen, die bei der Zubereitung nicht erhitzt werden und so noch alle Vitalstoffe besitzen. Schon Dr. Bircher-Benner, einer der Vorreiter der Vollwertkost, verordnete seinen Patienten einen hohen Anteil an Rohkost, denn er wusste, dass Frischkost Heilkost ist. Für gesunde Menschen gilt heute die Empfehlung, etwa ein Drittel der täglichen Nahrung in Form von Frischkost aufzunehmen, bestehend zu einem Drittel aus Obst und zwei Dritteln aus Gemüse.

Weil Frischkost schneller verdaut wird als erhitzte Lebensmittel, sollte sie immer zu Beginn eines Menüs gegessen werden. Wegen der guten Verdaulichkeit ist sie keine Belastung für den Körper und liegt nicht, wie gerne behauptet wird, über Nacht schwer im Magen. Deshalb dürfen Sie auch am späten Abend noch einen frischen gemischten Salat essen.

Frischkornmüsli

Das Frischkornmüsli ist das »Herzstück« der vitalstoffreichen Vollwerternährung, das täglich genossen werden kann. Damit es niemals langweilig wird, kann man mithilfe der großen saisonalen Auswahl an Obst, der verschiedenen Getreidearten und anderer Variationsmöglichkeiten jeden Tag ein neues kulinarisches Erlebnis daraus machen. Es wird – wie der Name vermuten lässt – immer frisch zubereitet, das Rezept dazu finden Sie im Rezeptteil auf Seite 206.

Der Unterschied zu einem Fertigmüsli aus dem Supermarkt oder auch aus dem Bioladen ist enorm, denn die

Zutaten in diesen Fertigprodukten müssen erhitzt werden. Das gilt auch für die Getreideflocken, die einen Großteil des Müslis ausmachen. Diese Erhitzung ist notwendig, um die Flocken haltbarer zu machen, denn das bei der Flockenherstellung austretende Fett wird schnell ranzig. Natürlich verliert das Müsli dadurch aber viele wichtige Vitalstoffe und das Essen damit an Qualität. Mit Flockenquetsche oder Flocker kann man täglich Flocken frisch herstellen, die nicht nur gesünder sind, sondern auch um einiges besser schmecken.

Hilfsmittel in der Küche

Reismehl

Ich benutze bei einigen Rezepten lieber Reismehl, weil Vollkornmehl die Speisen immer leicht braun färbt. Das ist zwar weiter nicht schlimm, der Braunstich sieht aber nicht bei jeder Sauce schön aus. Zur Herstellung von Reismehl verwende ich Naturreis. Der Reis wird in einer Getreidemühle so fein wie möglich vermahlen. Falls Sie keine Getreidemühle besitzen, lassen Sie den Reis in einem Bioladen oder Reformhaus mahlen. Natürlich können Sie ohne Probleme statt Reismehl auch Vollkornmehl verwenden.

Hefe

Auch bei Hefe gibt es wesentliche Unterschiede zwischen konventionell hergestellter und Bioware: In konventionell hergestellter Hefe befinden sich Ammoniak, Ammoniumsalze, Schwefelsäure und synthetische Vitamine. Diese Hefe muss nach der Fermentation mehrmals gewaschen werden, um die damit einhergehenden unangenehmen Geschmacks- und Geruchsstoffe zu entfernen.

Bei Biohefe wird auf chemisch hergestellte Stoffe verzichtet. Sie wird aus einer Nährlösung, die aus Bioge-

treide, Quellwasser und Enzymen hergestellt wird, von ausgesuchten Hefestämmen und Milchsäurebakterien-Kulturen gezüchtet. Zum Entschäumen wird Bio-Sonnenblumenöl verwendet. Das Waschen der Biohefe entfällt dann.

Backpulver

Ich bevorzuge Weinstein-Backpulver, weil es ohne Phosphate hergestellt wird. Die Triebkraft ist dieselbe wie bei konventionellem Backpulver.

Instantbrühe

Brühwürfel und Instant-Gemüsebrühpulver sind zwar eine schnelle und praktische Hilfe in der Küche, haben aber ihre Tücken. Konventionelle Ware beinhaltet häufig Glutamat und gehärtete Fette, die gesundheitsschädlich sind. Auch Bio Instantbrühe ist nicht frei von Glutamat, denn sie wird in der Regel auf der Basis von Hefe hergestellt, die natürlicherweise Glutamat enthält. Es ist gar nicht leicht, eine gute Instant-Gemüsebrühe zu bekommen, zumal die Inhaltsangaben auf den Packungen nicht alle Inhaltsstoffe im Detail offenlegen. Außerdem geben Instantbrühen allen Speisen einen immer gleichen, vordergründig erkennbaren Geschmack. Sie sind nicht vergleichbar mit einer selbst gekochten Gemüsebrühe. Wer sie einmal probiert hat, nimmt den höheren Aufwand wieder gerne auf sich.

Gemüsebrühen und -fonds

In der vegetarischen Küche sind selbst gemachte Gemüsefonds eine wichtige Grundlage für Suppen, Saucen, Currys usw. Sie sollten weder überwürzt noch zu salzig noch unausgewogen schmecken, indem eine Zutat vordergründig zu identifizieren ist. Man könnte sagen: Gemüsefonds sind vom Charakter eine milde Landschaft, die mit weiteren Zutaten modelliert wird.

ARBEITSGERÄTE IN DER KÜCHE

Kochen ist ein Handwerk, wenn auch sein sehr kreatives Handwerk. Wie jeder Handwerker brauchen auch Sie gutes Werkzeug. Sparen Sie nicht bei der Grundausstattung – nur mit gutem Werkzeug macht Kochen auch wirklich Spaß.

Rezepte

Am Anfang steht das Rezept. Denn bevor es in der Küche überhaupt losgehen kann, muss man genau wissen, was man überhaupt vorhat. Rezepte sind das A und O in Küche und Backstube. Niemand kocht einfach so drauflos, und selbst wer improvisiert, hat ein – wenn vielleicht auch grobes – Rezept vor Augen.

Wenn ich ein neues Rezept ausprobiere, koche ich es beim ersten Mal stur nach Anweisung. Erst hinterher entscheide ich dann, ob ich das Rezept unverändert verwende, abändere oder nicht noch einmal verwende. Wenn ich Gäste habe und nichts schiefgehen darf, koche ich genauso nach Rezept wie auf Seminaren für große Gruppen. Bei diesen Anlässen ist kein Raum zum Experimentieren. Was auf den Tisch kommt, muss schmecken.

Wenn Sie viel kochen und sich Ihr Repertoire ständig erweitert, werden Sie feststellen, dass ein selbst angelegtes Rezeptbuch von großem Wert ist. Wie schnell geht es, dass man eine Zutat, eine Mengenangabe oder einen Trick wieder vergisst und sich hinterher ärgert – auch Profis machen sich Notizen.

Schneidmesser

Gleich nach den Rezepten sollte ein gutes Messer in der Küche griffbereit liegen. Als Koch wird man oft gefragt, welche Messer am besten sind und wie viele man braucht. Ich sage dann immer: Das beste Messer ist ein scharfes Messer. Durch den Gebrauch werden Messer stumpf, deshalb sollten sie öfter mit einem Wetzstahl geschärft werden. Mit einem scharfen Messer arbeiten Sie effektiver und die Verletzungsgefahr ist nicht so groß, denn stumpfe Messer benötigen beim Schneiden mehr Kraft und Druck, dabei kann man schnell abrutschen und sich böse schneiden.

Ich habe hauptsächlich zwei Messer in Gebrauch, ein leichtes mit einer dünnen Klinge und ein schweres mit einer dicken Klinge zum Hacken von Kräutern, Nüssen usw.

Schälmesser

Schälmesser gibt es in allen möglichen Stärken und Formen. Wählen Sie ein rostfreies, das gut in der Hand liegt und einfach zu reinigen ist.

Raspel

Zum Raspeln von Obst und Gemüse und zum Reiben von Käse eignet sich am besten eine Standreibe aus Edelstahl.

Schlesinger (Schaber)

Ein Schlesinger ist eine dünne Plastik- oder Metallkarte, die in unterschiedlichen Größen in Küchenfachgeschäften erhältlich ist. Andere Namen dafür sind Schaber, Kamm, Spachtel oder Kunststoffabstecher. Ich verwende ihn, um gehackte Zwiebeln, Kräuter, Gemüse oder Nüsse vom Schneidebrett in den Topf zu transportieren und zum Glattstreichen von Crèmes und Sahne. Beim

Backen verwende ich ihn zum Teigportionieren und um Mehl auf der Arbeitsfläche zusammenzuschieben.

Kartoffelpresse

Eine Kartoffelpresse ist perfekt zur Herstellung von Kartoffelbrei, Gnocchi, Kartoffelteigen und im Sommer für Spaghettieiscreme. Die Kartoffeln können aber auch durch ein grobes Haarsieb gestrichen werden.

Spritzbeutel

Zum Dekorieren von Torten oder zum Aufspritzen von Spritzgebäck, Crèmes, Mayonnaise oder auch zum Por-

tionieren sollten Sie einen Spritzbeutel in Ihrer Küche haben. Der Spritzbeutel wird immer nur zur Hälfte gefüllt. Ist er zu voll, kann er nicht ausreichend zusammengedreht werden und die Füllmasse quillt oben wieder heraus.

Timbalen

Der Name »Timbale« kommt vom französischen »timbales« für »Kesselpauken«. Timbalen sind konisch geformte, feuerfeste Gefäße, in denen man einzelne Portionen serviert oder die man zum Stürzen verwendet, z.B. von Crème Caramel. Man bereitet darin auch Cupcakes, Soufflés oder kleine Gratins und Aufläufe zu.

Schlagkessel

Der Schlagkessel ist eine Edelstahl- oder Kunststoffschüssel mit einer Daumenhalterung, ein bis zwei Griffen und einem Stellring. Eine mittlere Größe mit zwei

bis drei Liter Volumen Inhalt ist für den Hausgebrauch ausreichend. Verwendet wird der Schlagkessel zum Aufschlagen von Crèmes, Mousses, Sahne, Mayonnaisen und Saucen, wie z.B. Eimasse bei der Eisherstellung, Sauce béarnaise oder hollandaise.

Töpfe und Pfannen

Zum Kochen und Dämpfen empfehle ich Edelstahltöpfe mit schwerem Boden, möglichst mit einem Edelstahldeckel. Glasdeckel gehen immer irgendwann zu Bruch. Die Griffe sollten auch aus Edelstahl sein und auf Dekor sollten Sie völlig verzichten, denn mit der Zeit blättert es ab. Ein einfacher Topf ohne Extras ist der praktischste und langlebigste.

Teflonpfannen reagieren sehr empfindlich, die Beschichtung wird durch Metallbesteck schnell verletzt und landet so peu à peu in Ihrem Essen. Das gilt für Teflonpfannen in allen Preisklassen, ich habe alle ausprobiert. Mit dem richtigen Fett und der richtigen Tem-

peratur gelingt Ihnen alles Gebratene auch wunderbar in einer gusseisernen Pfanne.

Kurzzeittimer

Mit einem Kurzzeittimer sind Sie beim Kochen und Backen immer auf der sicheren Seite. Wie oft habe ich im Stress, oder weil ich einfach geträumt habe, etwas im Ofen vergessen. Seit ich einen Kurzzeittimer habe, gehören diese dunklen Stunden mit verkohlter Pizza und schwarzem Kuchen der Vergangenheit an. Wählen Sie ein Gerät, das laut und anhaltend piept.

Waage

Ich verwende eine Digitalwaage, weil sie besonders exakt ist. Die meisten mechanischen Waagen wiegen nicht präzise genug. Besonders beim Backen sind genaue Mengen wichtig.

Küchenmaschine

Eine Küchenmaschine zum Teigkneten und Rühren, Gemüseschnitzeln, Nüssereiben und Saucepürieren macht das Leben in der Küche deutlich einfacher. Aber auch ein gutes Handrührgerät mit Pürierstab ist ein guter Küchenhelfer.

Getreidemühle

Um Vollkornmehl, Reismehl oder Getreideschrot herzustellen, benötigen Sie eine Getreidemühle. Aber auch viele Küchenmaschinen bieten die Möglichkeit, ein Getreide-Mahlwerk als Zusatzvorrichtung anzubringen. Grobes Mehl, feines Mehl, Schrot und Granulat können

mit einer Mühle frisch hergestellt werden. Das schmeckt besser und ist gesünder als abgepacktes Mehl aus dem Geschäft (auch aus dem Bioladen). Denn bei der industriellen Vermahlung entstehen relativ hohe Temperaturen, die einen Teil der im Getreide noch enthaltenen Vitalstoffe zerstören. Durch die Lagerung des schon gemahlenen Korns verringert sich deren Gehalt immer weiter. Viele Bioläden und Reformhäuser bieten den Service, Getreide frisch zu vermahlen.

Wenn ich als Seminarkoch on the road bin, habe ich immer meine Sieben-Kilo-Getreidemühle im Gepäck. Das ist manchmal schon etwas anstrengend. Doch die Anstrengung lohnt sich immer wieder, weil es in fast allen Ländern schwierig ist, gutes Vollkornbrot zu bekommen. Außerdem lieben es meine Seminarteilnehmer, mit selbst hergestelltem Vollkornmehl Brot zu backen.

Flocker

Wenn Sie jeden Morgen ein Frischkornmüsli essen möchten, sollten Sie sich einen Flocker anschaffen. Mit einem Flocker können Sie Ihre Haferflocken selbst herstellen, genauso wie Dinkelflocken, Weizenflocken und Roggenflocken. Sie können das Getreide mit einem Flocker auch schroten. Für einen Haushalt bis zwanzig Personen reicht ein manueller Flocker.

Mikrowelle

Das Erhitzen von Speisen in einer Mikrowelle ist sehr umstritten und wird von vielen Wissenschaftlern als gesundheitsschädigend eingestuft. Die Speisen erleiden einen hohen Verlust an Antioxidanzien. Ich habe meine entsorgt und gare seither Gemüse im Topf über Wasserdampf oder einem Kombidämpfer.

VORSPEISEN

Quinoasalat

Luftig, leicht und mit einer frischen Note kommt Quinoa, das südamerikanische
Getreide, in dieser Kombination daher. Ich serviere den Salat gerne als Vorspeise.
Und weil er ziemlich robust ist, packe ich ihn auch gerne in den Picknickkorb oder
stelle ihn aufs Buffet. An heißen Sommertagen, wenn der Durst größer ist als der
Hunger, reicht er mir auch als Hauptgang.

Zubereitung

1 Quinoa in einem Sieb kalt waschen und abtropfen lassen.
Mit 400 ml Wasser, 2 EL Olivenöl und 1 gestr. TL Salz im offenen
Topf zum Kochen bringen. Dann den Topf mit einem Deckel
schließen und den Quinoa bei geringer Hitze 20 Minuten
köcheln. Anschließend abkühlen lassen.

2 Währenddessen Zwiebel schälen, sehr fein hacken und im
restlichen Olivenöl (50 ml) glasig dünsten. Möhren und Fenchel
waschen, putzen und fein würfeln. Evtl. Maiskolben waschen,
putzen und in etwas Wasser 5–7 Minuten bei geringer Hitze
garen. Maiskörner vom Kolben schneiden und gut abtropfen
lassen. Petersilie waschen und fein hacken.

3 Quinoa, Zwiebeln, Möhren, Fenchel, Mais und Petersilie miteinander vermengen, salzen und pfeffern.

CA. 8 PORTIONEN	
Quinoa	250 g
Olivenöl	70 ml
Salz	2 gestr. TL
Zwiebel	1 (50 g)
Möhren	100 g
Fenchel	100 g
Maiskolben oder	1
Mais aus dem Glas	100 g
Petersilie	1 Bund
frisch gemahlener	
schwarzer Pfeffer	2 Msp.

schnell

Information: Der Salat schmeckt frisch angerichtet am besten, kann aber
auch am Vortag zubereitet werden. Zum Einfrieren eignet er sich nicht.

Rote-Bete-Carpaccio

Carpaccio ist ein Klassiker aus der italienischen Küche, dessen Basis mariniertes und hauchdünn aufgeschnittenes rohes Rindfleisch ist. Sein Erfinder, der Venezianer Guiseppe Cipriani, benannte das Gericht nach dem venezianischen Maler Vittore Carpaccio, der berühmt für seine leuchtenden Rottöne war. Heute verwendet man diese Zubereitungsart auch für Fisch, Gemüse, Obst und Pilze.

Zubereitung

1 Rote-Bete-Knollen waschen und ungeschält in reichlich Wasser in einem Topf je nach Größe 20–45 Minuten weich kochen. Anschließend in ein Sieb legen und die Haut unter fließend warmem Wasser abwaschen.

2 Kürbiskerne mit wenig Salz in einer Pfanne rösten und grob hacken. Eine Orange abwaschen und Zesten von der Schale schneiden. Dafür die Schale mit dem Sparschäler oder einem Messer dünn abschälen. Weiße Häutchen mit dem Messer von der Schale schaben. Dann die Orangenschale in sehr feine Streifen schneiden und die Frucht auspressen. Die zweite Orange schälen und mit einem scharfen Messer mit dünner Klinge die dünne weiße Haut von der Frucht schneiden. Die einzelnen Orangenstücke keilförmig an den Trennwänden entlang mit einem Messer voneinander trennen.

3 Rote Bete in dünne Scheiben schneiden und auf einem Teller oder einer Platte auffächern. Darüber die Orangenfilets verteilen.

4 Mit Orangensaft und Olivenöl beträufeln, salzen und pfeffern und mit Orangenzesten und Kürbiskernen bestreuen.

4 PORTIONEN	
Rote Bete	400 g
Kürbiskerne	40 g
Salz	
große unbehandelte Orangen	2
Olivenöl	60 ml
frisch gemahlener schwarzer Pfeffer	

🕐

mittel

Informationen: Die Schalen der Roten Bete können unter fließendem Wasser ganz leicht abgerieben werden, erfahrungsgemäß geht es so am besten und die Hände werden nicht rot gefärbt. Die Schalenrückstände bleiben im Sieb und können so einfach entsorgt werden.

Artischocken mit Himbeervinaigrette

Artischocken sind eine wunderbare Vorspeise, bei der man viel plaudern und mindestens dreißigmal den Gaumen mit einem Artischockenblatt erfreuen kann.

Zubereitung

1 Für die Vinaigrette Himbeeren säubern, verlesen, mit dem Essig vermengen und in einem geschlossenen Glas einen Tag ziehen lassen. Danach durch ein Sieb streichen.

2 Honig, Senf, 2 geh. TL Salz und Pfeffer dazugeben und mit dem Pürierstab pürieren. Das Öl in einem dünnen Strahl während des Pürierens langsam dazugeben.

3 Artischocken waschen, Stängel abschneiden und die Artischocken in einem Topf mit Wasser bedecken. 1 geh. TL Salz und Zitrone hinzugeben.

4 Topf mit einem Deckel schließen und die Artischocken zum Kochen bringen. 15–30 Minuten bei geringster Hitze köcheln, bis sich die mittleren Blätter leicht aus den Artischocken ziehen lassen. Die Kochdauer ist abhängig von Größe und Alter der Artischocken. Mit der Vinaigrette servieren.

4 PORTIONEN

Himbeeren (frisch oder tiefgekühlt)	100 g
Himbeeressig	150 ml
Akazienhonig	1 EL
Senf	1 geh. TL
Salz	
frisch gemahlener schwarzer oder weißer Pfeffer	1 gestr. TL
Olivenöl	500 ml
Artischocken	4
unbehandelte Zitrone	½

🕐

schnell

Informationen: Mit 1–2 TL Rote-Bete-Püree lässt sich die Vinaigrette knallig rot aufpeppen. Dafür eine Knolle Rote Bete mit Schale in Wasser weich kochen. Rote Bete mit dem Mixaufsatz einer Küchenmaschine oder dem Pürierstab sehr fein mixen. Wenn noch Stücke enthalten sein, die Masse durch ein Haarsieb streichen.
Artischocken können vorgekocht werden und mit etwas Wasser im geschlossenen Topf schnell wieder erwärmt werden.
Vinaigrettes bereite ich immer in großen Mengen vor. Diese Vinaigrette kann im Kühlschrank mindestens einen Monat gelagert werden.

Auberginen
mit Rosmarin und Honig

Wichtig bei diesem Rezept ist, dass die Auberginen auf der Schnittfläche kräftig braun bis leicht schwarz gebraten werden. Das erzeugt keineswegs einen verbrannten Geschmack, sondern intensiviert die Aromen der Aubergine. Die Auberginen dürfen erst nach dem Backen mit Pfeffer und Salz gewürzt werden, denn das Salz hat eine osmotische Wirkung und entzieht dem Fruchtfleisch Wasser.

Zubereitung

1 Backofen auf höchster Stufe vorheizen. Backblech großzügig mit einem Teil des Olivenöls einpinseln.

2 Auberginen waschen, längs in zwei Hälften schneiden und mit den Schnittflächen nach unten auf das Backblech legen. In den Ofen schieben und ca. 30 Minuten backen, bis die Auberginen an der Unterseite dunkelbraun bis schwarz geworden sind. Herausnehmen und abkühlen lassen.

3 Die Schnittflächen mit dem restlichen Olivenöl und Honig bestreichen. Mit Salz und Pfeffer abschmecken und mit fein gehacktem Rosmarin bestreuen.

4 Auberginen längs in schmale Streifen schneiden.

4 PORTIONEN

Olivenöl	2–4 TL
mittelgroße	
Auberginen	2 (500 g)
Akazienhonig	2–4 TL
Salz	
frisch gemahlener	
schwarzer Pfeffer	
etwas frischer	
Rosmarin, fein gehackt	

🕐

schnell

Information: Die Auberginen sind ein wunderbarer Auftakt für ein leichtes Sommermenü.

CUCINA CASALINGA POPOLARE

Champignon-Carpaccio mit Zitronenvinaigrette

Die Champignons für das Carpaccio sollten frisch und knackig sein. Am besten frisch von der Wiese

Zubereitung

1 Champignons putzen und in dünne Scheiben schneiden. Petersilie waschen und fein hacken. Champignonscheiben auf 4 Tellern facherförmig ausbreiten.

2 Für die Vinaigrette Zitrone abwaschen und die Schale abreiben. Dann die Zitrone auspressen und ca. 50 ml Zitronensaft abmessen.

3 Zitronensaft und -schale, Sonnenblumenöl, Senf, Akazienhonig, Salz und Pfeffer miteinander verquirlen.

4 Pro Portion 3–5 EL der Vinaigrette nach Geschmack über die Champignons geben, die Petersilie darüberstreuen.

4 PORTIONEN

Champignons	200–300 g
Petersilie	½ Bund
unbehandelte Zitrone	1
Sonnenblumenöl	250 ml
Senf	1 gestr. TL
Akazienhonig	1 geh. TL
Salz	1 geh. TL
frisch gemahlener	
schwarzer Pfeffer	2 Msp.

schnell

Information: Die übrige Vinaigrette kann mindestens einen Monat im Kühlschrank aufbewahrt werden.

Mürbeteig-Torteletts mit Ziegenfrischkäse

Bei diesem Rezept werden die Torteletts blind gebacken. Das heißt nicht, dass wir uns dazu die Augen verbinden oder die Küche abdunkeln, sondern dass der Teig in die Backformen eingelegt und mit getrockneten Kichererbsen, Bohnen, Linsen o. Ä. gefüllt gebacken wird. Der Boden bleibt dabei schön dünn und der Rand kann gut aufgehen.

Zubereitung

1 Butter in kleine Stücke schneiden und eine Stunde in den Kühlschrank stellen. Mehl, Butter, Zitronenthymian und Salz in einer Schüssel vermengen und mit den Fingern zu einer krümeligen Masse verarbeiten. 25 ml eiskaltes Wasser dazugeben und zügig zu einem marmorierten Teig verkneten.

2 Auf eine bemehlte Arbeitsfläche legen und zu einer Platte mit ca. 15 cm x 15 cm Kantenlänge ausrollen. In Frischhaltefolie gewickelt, mindestens 2 Stunden in den Kühlschrank legen.

3 Backofen auf 200 °C vorheizen. Den Teig auf einer bemehlten Arbeitsfläche ca. ½ cm dick ausrollen. Mit einer Mini-Tortelettform 5 Teigstücke ausstechen und in die Formen einlegen. Den Boden mit einer Gabel mehrmals einstechen.

4 Die Backformen mit jeweils 40 g Hülsenfrüchten zum Blindbacken füllen und im Ofen ca. 30 Minuten backen. Abkühlen lassen und die Hülsenfrüchte herausnehmen.

5 Rucola, Tomaten, Birnen und Weintrauben waschen., Tomaten und Birnen nach Belieben klein schneiden. Pinienkerne in einer Pfanne ohne Fett so lange rösten, bis sie goldbraun sind und zu duften beginnen. Parmesan reiben.

6 Torteletts mit allen Zutaten belegen und mit Salz und Pfeffer würzen.

5 TORTELETTS À 10 CM Ø

Für den Teig

kalte Butter	50 g
Vollkorn-Dinkelmehl	100 g
plus Mehl für die Arbeitsfläche	
gehackter	
Zitronenthymian	2 Msp.
Salz	¼ TL
Hülsenfrüchte zum	
Blindbacken	200 g

Für den Belag

Ziegenfrischkäse	150 g
Rucola	100 g
Tomaten	100 g
Birnen	200 g
Weintrauben	200 g
Pinienkerne geröstet	20 g
Parmesan	50 g
Salz	
frisch gemahlener	
schwarzer Pfeffer	

mittel

SALATE

Spinatsalat mit sautierten Champignons

Der Mythos vom außergewöhnlich hohen Eisengehalt von Spinat ist seit einigen Jahren entlarvt. Er basierte auf einem einfachen Kommunikationsfehler, der sich aber erstaunlich lange hartnäckig gehalten hat: Die Angabe, die im Jahr 1890 für die Trockenmasse berechnet wurde, wurde irrtümlicherweise bald auf frischen Spinat bezogen. Sorry, Popeye! 100 g Spinat enthalten also nicht 25 mg, sondern durchschnittlich 3,5 mg Eisen.

Zubereitung

1 Spinat mehrmals gründlich waschen und abtropfen lassen. Champignons putzen und in Scheiben schneiden. Pinienkerne in einer Pfanne mit 1 EL Olivenöl und 1 Prise Salz goldbraun rösten. Tomaten waschen, vierteln und die Kerne entfernen. Fruchtfleisch in kleine Würfel schneiden. Kerne für Gemüsefond oder Tomatensauce aufheben.

2 Butter und 4 EL Olivenöl in einer Pfanne bei mittlerer Hitze erhitzen und die Pilze darin ½ Minute dünsten, aber nicht bräunen (sautieren). Mit Salz und Pfeffer würzen.

3 Für das Dressing Balsamessig, Honig, Senf, 1 ½ TL Salz und Pfeffer in einer Schüssel gut miteinander verrühren. Das restliche Olivenöl damit verquirlen.

4 Spinat portionsweise verteilen und je 4 EL Dressing darübergeben. Pilze mit dem Bratöl, mit den gerösteten Pinienkernen und den Tomatenwürfeln über dem Spinat verteilen. Mit Alfalfasprossen dekorieren.

4 PORTIONEN	
Blattspinat (möglichst junger Spinat)	160–200 g
Champignons	120–150 g
Pinienkerne	25 g
Olivenöl	300 ml
Salz	
Tomate	1
Butter	25 g
frisch gemahlener schwarzer Pfeffer	
Balsamessig	75 ml
Honig	1 geh. TL
Senf	1 gestr. TL
Alfalfasprossen	100 g

🕐

schnell

Informationen: Bedenken Sie beim Abschmecken von Salatdressing oder Vinaigrettes, dass ihr Geschmack durch das Mischen mit den übrigen Zutaten stark an Intensität verliert. Ein Dressing muss daher immer stark überwürzt schmecken.

Buchweizensalat

Obwohl es der Name vermuten ließe, ist Buchweizen kein Getreide, sondern gehört zu den Knöterichgewächsen. Er besitzt viel Eiweiß und Stärke, aber im Gegensatz zu Getreide kein Gluten. In der Küche lässt er sich vielfältig einsetzen, auch zum Backen: Buchweizentorten, Blinis oder Pancakes verleiht er einen leicht herben, nussigen Geschmack, der einfach unverwechselbar ist.

Zubereitung

1　Buchweizen kalt waschen und in einem Sieb abtropfen lassen. Mit 500 ml Wasser, 1 EL Olivenöl und ½ TL Salz im geschlossenen Topf zum Kochen bringen. Bei mittlerer Hitze so lange köcheln, bis das Wasser aufgenommen ist und der Buchweizen beginnt anzusetzen. Von der Platte nehmen und abkühlen lassen.

2　Zwiebeln schälen, sehr fein hacken und in 50 ml Olivenöl glasig dünsten. Tomaten waschen, vierteln und die Kerne entfernen. Fruchtfleisch in kleine Stücke schneiden. Gurken waschen und ebenfalls in kleine Stücke schneiden. Schnittlauch waschen und in Röllchen schneiden.

3　Sonnenblumenkerne in einer Pfanne ohne Fett goldbraun rösten.

4　Buchweizen, Zwiebeln, Tomaten, Gurken, Sonnenblumenkerne und Schnittlauch miteinander vermengen, salzen und pfeffern.

CA. 5 PORTIONEN

Buchweizen	250 g
Olivenöl	1 EL
Salz	
Zwiebel	1 (50 g)
Olivenöl	50 ml
Tomaten	100 g
Salatgurke	100 g
Schnittlauch	1 Bund
Sonnenblumenkerne	50 g
frisch gemahlener	
schwarzer Pfeffer	1 Msp.

mittel

Informationen: Die Tomatenkerne verwende ich für Gemüsefonds oder bereite damit eine kalte Tomatensauce zu.
Der Salat schmeckt am besten, wenn er sofort serviert wird. Er kann aber auch einen Tag im Voraus zubereitet werden. Zum Einfrieren eignet er sich nicht.

Kohlrabi-Möhren-Salat

Kohlrabi führt leider in vielen Küchen ein Schattendasein, und roh gegessen kommt er höchstens bei einem Rohkosttag mal zum Einsatz. Dabei ist er mit ein paar würzigen Freunden zusammen eine tolle Grundlage für einen leckeren Salat, der schnell gemacht ist. Besonders köstlich finde ich ihn mit geröstetem Sesam – eine kräftige Verschmelzung zwischen friesisch-herb und orientalisch.

Wenn der Kohlrabi noch schöne, frische Blätter hat, verwende ich diese gerne klein geschnitten in Eintöpfen oder als Gemüsebeilage. Kohlrabiblätter haben, verglichen mit der Knolle, einen fast doppelt so hohen Gehalt an Vitamin C. Der Carotingehalt ist ungefähr hundertmal, der von Calcium und Eisen zehnmal so hoch.

Zubereitung

1 Petersilie waschen und fein hacken. Sesam ohne Fett in einer Pfanne rösten, bis er zu duften beginnt. Kohlrabi putzen und schälen, Möhren waschen. Kohlrabi und Möhren grob raspeln.

2 Kohlrabi, Möhren und Petersilie in einer Schüssel mit dem Zitronensaft vermengen, salzen und pfeffern. Sesamöl unterheben und gerösteten Sesam darüberstreuen.

4 PORTIONEN	
Petersilie	½ Bund
Sesam	1 EL
Kohlrabi	400 g
Möhren	100 g
Zitronensaft	2 EL
Salz	
frisch gemahlener schwarzer Pfeffer	
Sesamöl	4 EL

schnell

Information: Der Salat sollte sofort verzehrt werden. Wenn er länger steht, zieht er viel Wasser und wird matschig. Am besten zubereiten, servieren und verputzen.

Feldsalat mit gebackenen Kartoffelscheiben

Besonders knackig wird Feldsalat, wenn man ihn vor dem Verzehr für ein paar Minuten in Eiswasser mit reichlich Eiswürfeln legt. Da er etwas empfindlich ist, sollte er nicht unter fließendem Wasser gewaschen werden und keine Tour in der Salatschleuder hinter sich bringen. Nach dem Waschen gut abtropfen lassen. Wenn die Wurzeln noch klein und zart sind, können sie mitverzehrt werden.

Ich bevorzuge kleinblättrigen Feldsalat aus Freilandkultur, der schön knackig ist und ein intensiveres, nussigeres Aroma als seine großblättrigen Verwandten hat.

Zubereitung

1 Feldsalat in kaltem Wasser waschen und in einem Sieb gut abtropfen lassen. Kartoffeln waschen, abtrocknen und in Scheiben schneiden.

2 Kartoffeln in 2 EL heißem Olivenöl von beiden Seiten in einer Pfanne goldbraun und knusprig backen, salzen und pfeffern.

3 Für das Dressing Eigelb, Balsamico, 1 gestr. TL Salz und Pfeffer in einer Schüssel mit einem Schneebesen cremig aufschlagen. Während des Schlagens langsam das restliche Olivenöl (80 ml) und das Kürbiskernöl dazugeben. Dann mit dem kalten Gemüsefond zu einem dickflüssigen Dressing rühren.

4 Feldsalat auf Tellern anrichten und mit je 4 EL Dressing beträufeln. Die warmen Kartoffelscheiben auf den Salat geben und mit den Sprossen dekorieren.

4 PORTIONEN	
Feldsalat	400 g
Kartoffeln	200 g
Olivenöl	100 ml
Salz	
frisch gemahlener	
schwarzer Pfeffer	
Eigelb	1
Balsamico	50 ml
Kürbiskernöl	80 ml
Gemüsefond	50 ml
Sprossen nach Geschmack	100 g

🕐 schnell

Information: Der Salat sollte zügig serviert werden, weil die Kartoffelscheiben schnell ihre Knusprigkeit verlieren. Das übrige Dressing hält sich im Kühlschrank zwei Wochen.

Rotkohl-Apfel-Rohkost mit Balsamico-Vinaigrette

Meinen ersten Rotkohlsalat habe ich in der DDR auf der Transitstrecke nach Berlin in der Raststätte Magdeburger Börde gegessen. An den Geschmack kann ich mich nicht mehr erinnern, aber ein kulinarisches Highlight war es sicherlich nicht. Dafür mit 34 Pfennig pro Portion preiswert wie alle Grundnahrungsmittel in der DDR. Dabei ist Rotkohl als Rohkost ein Gedicht und verträgt sich nicht nur mit bodenständig deutschen Zutaten, sondern auch mit exotischen Früchten und Kräutern.

Zubereitung

1 Rosinen 1 Stunde in einer kleinen Schüssel in 60 ml Wasser einweichen. Rotkohl waschen, putzen und in feine Streifen schneiden.

2 Für die Vinaigrette Balsamico, Honig, Senf, Salz und Pfeffer in einer Schüssel gut miteinander verrühren. Dann das Olivenöl damit verquirlen. Den Rotkohl mit 100 ml Balsamicovinaigrette vermengen und 1 Stunde marinieren.

3 Walnüsse grob hacken. Äpfel waschen und mit Schale fein würfeln. Alle Zutaten miteinander vermengen.

4 PORTIONEN

Rosinen	60 g
Rotkohl	500 g
Balsamico	75 ml
Honig	1 geh. TL
Senf	1 gestr. TL
Salz	1 geh. TL
frisch gemahlener schwarzer Pfeffer	1 Msp.
Olivenöl	250 ml
Walnüsse	100 g
Äpfel	200 g

🕐 schnell

Information: Wenn es superschnell gehen soll, können Sie auch auf das Marinieren und das Einweichen der Rosinen verzichten.
Weil es sich kaum lohnt, Dressing in kleinen Mengen für ein bis vier Portionen anzurühren, bereite ich sie immer in größeren Mengen vor, die ich im Kühlschrank aufbewahre. So habe ich immer drei bis vier Sorten zur Auswahl, die sich einige Wochen halten. Die Salatzubereitung geht dadurch ruck, zuck und es gibt öfter Salat.
Das Dressing hält sich im Kühlschrank aufbewahrt vier Wochen.

Caesar Salad

Dieser Klassiker unter den Salaten wurde vor fast hundert Jahren von Caesare Cardini im mexikanischen Tijuana aus der Not heraus kreiert. Der Legende nach hatte Mister Cardini nicht genug Zutaten in der Küche, um all seine Gäste zu bewirten. So machte er aus dem, was er in der Küche fand, einen Welterfolg. Einen spritzig-cremigen Sommersalat, der auch im Winter erfrischend ist.

Zubereitung

1 Möglichst am Vortag Knoblauch schälen, fein würfeln und in einer kleinen Schüssel in 50 ml Olivenöl einlegen.

2 Für das Dressing das Ei 1 Minute in einem Topf kochen, anschließend abschrecken und mit einem kleinen Löffel den Inhalt ausschaben. Das Ei, Zitronensaft, 100 ml Olivenöl, Senf, Salz und Pfeffer in ein schmales, hohes Gefäß geben und mit einem Pürierstab mixen.

3 Für die Croûtons die Vollkornbrötchen würfeln und in einer Pfanne in dem Knoblauchöl goldbraun braten. Römersalat waschen und in breite Streifen schneiden.

4 Das Dressing unter den Salat heben. Parmesan reiben oder dünn hobeln. Den Salat damit bestreuen. Die getrockneten Tomaten in dünne Streifen schneiden und zusammen mit den Croûtons ebenfalls über den Salat streuen.

4–6 PORTIONEN	
Knoblauchzehe	1
Olivenöl	150 ml
Ei	1
frisch gepresster Zitronensaft	30 ml
Senf	1 gestr. TL
Salz	1 gestr. TL
frisch gemahlener weißer Pfeffer	1 Msp.
Vollkornbrötchen	2
Römersalat	1
Parmesan	60 g
getrocknete Tomaten	60 g

🕐

mittel

Information: Blattsalate lieber nicht mit einer Salatschleuder bei 200 Stundenkilometern trockenschleudern. Der Salat wird dadurch schnell knitterig und verliert seine knackige Konsistenz. Besser ist es, den Salat nach dem Waschen locker in ein Sieb zu legen und abtropfen zu lassen. Am besten an einem kalten Ort wie dem Kühlschrank.

Gartensalat mit Kräuter-vinaigrette und Blüten

Wenn im Frühling die ersten Salate, Kräuter und Blüten sprießen, wird es wieder bunt auf dem Salatteller. Lassen Sie Ihrer Fantasie freien Lauf und kombinieren Sie Ihre eigenen Favoriten! Wenn Sie Blüten verwenden, dann auf keinen Fall aus konventionellen Blumenläden, denn dann sind sie stark behandelt und nicht zum Verzehr bestimmt. Verwenden Sie Blüten vom Ökomarkt, aus dem Bioladen oder aus dem eigenen Garten, dann können Sie sicher sein, das keine Chemie verwendet wurde.

Zubereitung

1 Salat waschen und die Blätter klein zupfen. Gemüse waschen, putzen und klein schneiden.

2 Für die Vinaigrette Öl, Essig, Salz, Pfeffer, Senf und Honig in einer kleinen Schüssel miteinander verrühren. Kräuter waschen, fein hacken und mit der Vinaigrette verrühren.

3 Salat und Gemüse portionsweise auf Tellern anrichten und je 4 EL Vinaigrette darübergeben. Die Blüten auf dem Salat verteilen.

Informationen: Die Kräuter in der Vinaigrette werden nach ein paar Tagen grau und verlieren ihren frischen Geschmack. Darum immer nur so viel Vinaigrette mit Kräutern vermengen, wie für den sofortigen Verzehr benötigt wird. Die Basis-Vinaigrette können Sie im Kühlschrank mindestens einen Monat lagern.

Zu den essbaren Blüten gehören: Stockrosen, Schnittlauchblüten, Dillblüten, Gänseblümchen, Borretschblüten, Kapuzinerkresse, Ringelblumen, Chrysanthemen, Korianderblüten, Rosen, Nelken, Fenchelblüten. Achten Sie darauf, dass die Blüten geschmacklich gut auf die restlichen Zutaten abgestimmt sind.

4 PORTIONEN

Blattsalat, Rucola oder Spinat	200 g
Tomaten	400 g
Gurken	400 g
Radieschen	200 g
Fenchel	200 g
Sonnenblumenöl	250 ml
Weißweinessig	60 ml
Salz	1 geh. TL
frisch gemahlener weißer Pfeffer	½ TL
Senf	1 gestr. TL
Akazienhonig	1 gestr. EL
Petersilie	
Schnittlauch	
Dill	
Blüten (z. B. von Gänseblümchen, Kapuzinerkresse, Borretsch, Stockrosen)	

schnell

SUPPEN

Rote-Bete-Suppe

Eine Suppe wie ein stiller Waldsee: ruhig, leicht erdig und mit etwas Nelke am Grund. Sie ist ein wunderbarer Auftakt für ein mehrgängiges Menü oder zum Abendbrot mit einem Butterbrot dazu.

Zubereitung

1 Zwiebeln schälen, würfeln und in einem Topf in Olivenöl glasig dünsten. Rote Bete und Kartoffeln waschen und ungeschält in Würfel mit ca. 2 cm Kantenlänge schneiden. Zu den Zwiebeln geben und alles zusammen 1 Minute dünsten.

2 Mit dem Weißwein ablöschen und Gemüsefond, Lorbeerblatt, Kümmel und Nelken hinzugeben.

3 Die Suppe ca. 30 Minuten im geschlossenen Topf bei geringster Hitze kochen. Dann das Lorbeerblatt entfernen und die Suppe mit dem Pürierstab pürieren, mit Salz und Pfeffer oder Chilipulver würzen.

4 Die Suppe auf Teller verteilen und mit je einem kräftigen Klecks Crème fraîche oder Schmand verfeinern.

CA. 6 PORTIONEN

Zwiebeln	1½ (80 g)
Olivenöl	60 ml
Rote Bete	400 g
Kartoffeln	150 g
Weißwein	100 ml
Gemüsefond	800 ml
Lorbeerblatt	1
Kümmel	1 gch. TL
Nelken	2
Salz	
frisch gemahlener	
schwarzer Pfeffer	
oder Chilipulver	
Crème fraîche	
oder Schmand	200 g

schnell

Information: Im Herbst beginnt in Deutschland die Erntezeit für Rote Bete, die Knollen werden meistens mit Stängel und Blättern angeboten, die man auch verwenden kann. Zum Beispiel so: Stängel in kleine Stücke schneiden und in kochendem Salzwasser bissfest blanchieren. In der letzten Minute die klein geschnittenen Blätter hinzugeben. Dann das Kochwasser abgießen, Blätter und Stängel salzen und pfeffern und in die Suppe geben.
Wenn die Schalen von Kartoffeln oder Roter Bete schon schrumpelig sind, sollte man sie lieber schälen.

Niedersächsische Linsensuppe

Suppen und Eintöpfe eignen sich hervorragend zum Vorkochen. Meistens werden sie sogar am nächsten Tag noch besser und entwickeln mehr Aroma. Ich koche Suppe meisten für drei Tage und variiere beim Aufwärmen mit frischen Kräutern, gerösteten Nüssen oder anderen Zutaten den Geschmack.

Einer meiner Favoriten ist Linsensuppe, in die ich einen Klecks Kartoffelbrei gebe. Die Kartoffeln sollten allerdings frisch gekocht zur Suppe gegeben werden, weil sich beim Wiederaufwärmen Konsistenz und Geschmack verändern.

Zubereitung

__1__ Linsen in einem Sieb waschen und abtropfen lassen. Zwiebel schälen, fein hacken und in einem Topf in Olivenöl glasig dünsten.

__2__ Die Linsen, den Gemüsefond und das Lorbeerblatt dazugeben. Im geschlossenen Topf bei kleinster Hitze 15 Minuten köcheln lassen.

__3__ Essig und Senf unterrühren. Möhren, Sellerie und Lauch waschen und putzen, fein würfeln und dazugeben. Nochmals 2–3 Minuten köcheln lassen, salzen und pfeffern.

8 PORTIONEN

braune Linsen	250 g
Zwiebel	1 (50 g)
Olivenöl	50 ml
Gemüsefond	1,5 l
Lorbeerblatt	1
Rotweinessig	50 ml
Senf	1 geh. TL
Möhren	100 g
Knollensellerie	100 g
Lauch	100 g
Salz	
frisch gemahlener schwarzer Pfeffer	

schnell

Information: Diese Suppe ist wirklich eine schnelle Nummer!

Erbsensuppe mit Minze und Chili

Chili und Minze geben der Suppe ordentlich Schwung, damit wird selbst der letzte Löffel zum Gaumenfestival.

Wenn Sie Suppe abschmecken, lassen Sie nicht gleich den ersten Löffel entscheiden. In der Regel gibt der dritte Löffel den richtigen Überblick über Aromen, Schärfe, Frische und Salzigkeit.

Zubereitung

1 Zwiebel schälen, fein hacken und in einem Topf in Butter oder Öl glasig dünsten. Gemüsefond und Erbsen dazugeben, zusammen aufkochen und 2 Minuten bei geringer Hitze köcheln lassen.

2 250 g Sahne, Crème fraîche oder Schmand, Salz und Muskat dazugeben und einmal aufkochen.

3 Minzblättchen waschen und klein zupfen. Nach Belieben Chili waschen, Kerne und weiße Scheidewände entfernen, die Schote fein hacken und etwas davon zusammen mit der Minze in die Suppe geben. In einem Mixer oder mit einem Pürierstab fein pürieren und mit Salz und Zitronensaft abschmecken.

4 100 g Sahne schlagen und als Topping aufsetzen.

5 PORTIONEN

Zwiebel	1 (50 g)
Butter oder Olivenöl	50 g
Gemüsefond	500 ml
Erbsen, frisch oder tiefgekühlt	500 g
Sahne	350 g
Crème fraîche oder Schmand	50 g
Salz	2 gestr. TL
frisch geriebene Muskatnuss	2 Msp.
frische Minze	2 Stängel
evtl. etwas frische Chilischote	
Zitronensaft	1 EL

schnell

Information: Wer es gern höllisch scharf mag, verwendet die Chilikerne mit.

Borschtsch

Heimat dieser köstlichen Suppe, die mit Roter Bete und Weißkohl gekocht wird, sind Russland und Polen. In Russland heißt sie Borschtsch und in Polen Barschtsch. In Ostpreußen sagt man Betenbartsch und serviert sie mit einem Klecks Sauerrahm.

Wie bei vielen Kohlsuppen gilt auch hier: Sie schmeckt am besten, wenn sie einen Tag im Voraus zubereitet wurde. Das wusste auch schon die Witwe Bolte: »… wofür sie besonders schwärmt, wenn er wieder aufgewärmt.« (Wilhelm Busch)

Zubereitung

1 Die Zwiebel schälen, sehr fein hacken und in einem großen Topf im Öl oder in der Butter glasig dünsten. Rote Bete waschen, in kleine Stücke schneiden, dazugeben und 2 Minuten mitdünsten. Mit Weißwein ablöschen.

2 Weißkohl waschen, in sehr dünne Streifen schneiden und unterrühren. Gemüsefond, Kümmel, Salz, Nelken, Lorbeerblätter und getrocknete, zerriebene Chili dazugeben. Ca. 20 Minuten im geschlossenen Topf bei geringer Hitze köcheln lassen. Mit 1 gestr. TL Salz und Pfeffer oder Chili abschmecken.

3 Kartoffeln waschen und in einem zweiten Topf mit Schale gar kochen. In fingerdicke Scheiben schneiden und unter die Suppe heben.

4 Die Suppe auf Teller verteilen. Schmand, Crème fraîche oder Sauerrahm etwas salzen und pfeffern und als Haube auf jede Suppenportion setzen.

7 PORTIONEN

Zwiebel	1 (60 g)
Olivenöl oder	60 ml
Butter	60 g
Rote Bete	350 g
Weißwein	125 ml
Weißkohl	250 g
Gemüsefond	1¼ l
Kümmel	1 geh. Tl
Salz	1 geh. TL
Nelken	2
Lorbeerblätter	2
getrocknete Chili	1
frisch gemahlener schwarzer Pfeffer	
Kartoffeln	500 g
Crème fraîche, Sauerrahm oder Schmand	200 g

mittel

Information: Die Haut der Roten Bete besitzt viele Vitalstoffe und muss nicht geschält werden. Sie wird beim Kochen weich und kann ganz einfach mitgegessen werden. Ist sie aber schon sehr schrumpelig und zäh, schält man sie besser.

Schmand, Crème fraîche oder Sauerrahm können Sie z. B. noch mit gehacktem Dill, Sesam oder Orangenzesten vermengen.

Frühlingssuppe mit Dinkel-Grünkern-Klößchen

Natürlich können Sie diese Suppe auch im Sommer, Herbst und Winter zubereiten. Ändern Sie einfach der Saison entsprechend die Gemüseinlage. Bei dieser Suppe ist es übrigens ganz wichtig, dass der Gemüsefond gut abgeschmeckt wurde.

Zu festlichen Anlässen, zum Beispiel einer Hochzeit, machen Sie aus der Suppe mit Nudeleinlage und Eierstich eine klassische Hochzeitssuppe.

Zubereitung Dinkel-Grünkern-Klößchen

1 Für die Klößchen Grünkern und Dinkel mit der Getreidemühle, dem Flocker oder im Küchenmixer grob schroten. Zwiebel schälen und fein würfeln.

2 Gemüsefond mit Senf und Zwiebeln in einem Topf aufkochen. Grünkern und Dinkel zügig mit einem Schneebesen einrühren, nochmals aufkochen und ca. 1 Minute kochen, bis die Masse beginnt anzusetzen. Mit Salz und Pfeffer abschmecken. Topf von der Platte nehmen und mit einem Deckel schließen. 15 Minuten quellen und anschließend abkühlen lassen.

3 Petersilie fein hacken und unter die Masse rühren. Mit feuchten Händen kleine, ca. 30 g schwere Klößchen formen.

8 PORTIONEN

Für die Dinkel-Grünkern-Klößchen

Grünkern	50 g
Dinkel	50 g
Zwiebel	½ (30 g)
Gemüsefond	200 g
Senf	1 TL
Salz	
frisch gemahlener schwarzer Pfeffer	
Petersilie	30 g

mittel

Zubereitung Suppe

1 Für die Suppe Zwiebel schälen, fein hacken und in einem Topf im Olivenöl glasig dünsten. Gemüsefond und Lorbeerblatt dazugeben und zum Kochen bringen.

2 Sellerie, Möhren, Kohlrabi und Paprika putzen und waschen. In Würfel mit ca. 1 cm Kantenlänge schneiden und zum Gemüsefond geben.

3 Alles zusammen im geschlossenen Topf 5 Minuten bei geringer Hitze kochen

4 Lauch putzen, waschen und in feine Ringe schneiden. Zusammen mit den Erbsen in der letzten Minute mitkochen. Mit Pimentkörnern, Salz, Pfeffer, Muskatnuss und Liebstöckel würzen. Petersilie waschen und fein hacken, zusammen mit den Klößchen in die Suppe geben.

Für die Suppe

Zwiebel	1 (50 g)
Olivenöl	50 ml
Gemüsefond	1,5 l
Lorbeerblatt	1
Knollensellerie	100 g
Möhren	100 g
Kohlrabi	100 g
rote Paprika	100 g
Lauch	100 g
Erbsen	100 g
Pimentkörner	3
Salz	
frisch gemahlener schwarzer Pfeffer	
frisch geriebene Muskatnuss	
Liebstöckel	
Petersilie	1 Bund

mittel

Möhrensuppe mit Koriander

Frisches Koriandergrün hat einen sehr intensiven Geschmack, der nicht jedermanns Sache ist. Sein starkes Aroma und seine appetitanregende Wirkung machen ihn zum idealen Gewürz für eine Vorspeisensuppe. Fragen Sie aber besser Ihre Gäste im Vorfeld, ob sie pro oder kontra Koriander sind, und geben Sie das Kraut erst in der letzten Minute vor dem Servieren dazu, damit es seine volles Aroma behält.

Ich verwende nur frisches Koriandergrün. Getrocknet, entwickelt sich der Geschmack in eine ganz andere Richtung, die mit der herrlich kräftigen Note des frischen Krauts wenig gemeinsam hat.

Zubereitung

1 Zwiebeln schälen, fein würfeln und in der Butter in einem Topf glasig dünsten. Möhren waschen, würfeln und mit dem Gemüsefond zu den Zwiebeln geben. Aufkochen und 5–10 Minuten im geschlossenen Topf köcheln lassen. Anschließend pürieren.

2 Koriander waschen und fein hacken. Sahne unterrühren und die Suppe mit Salz, Pfeffer, Chili, Koriandergrün und Zitronensaft nach eigenem Empfinden abschmecken.

8 PORTIONEN

Zwiebeln	1½ (75 g)
Butter oder Sonnenblumenöl	75 g
Möhren	500 g
Gemüsefond	1,25 l
Koriandergrün	einige Stängel
Sahne	125 g
Salz	
frisch gemahlener schwarzer Pfeffer	
Chilipulver	
etwas Zitronensaft	

schnell

Information: Die Korianderwurzeln haben ein sehr intensives Aroma und können mit verzehrt werden.

Topinambursuppe

Topinambur schmeckt ähnlich wie Artischocken, im englischen Sprachraum heißt er deshalb Jerusalem artichoke. Der Name »Topinambur« leitet sich von dem ehemals in Brasilien beheimateten Indianerstamm Tipinambas ab, denn die Knollen kamen im sechzehnten Jahrhundert von dort nach Europa. Bei uns kennt man Topinambur heute auch unter den Namen Erdschoke, Ewigkeitskartoffel und Erdsonnenblume.

Zubereitung

1 Zwiebel schälen, klein schneiden und in einem Topf in der Butter glasig dünsten. Topinambur waschen, schälen oder putzen und klein schneiden. Zusammen mit dem Gemüsefond dazugeben, aufkochen und bei geringer Hitze 5 Minuten köcheln lassen.

2 Sahne hinzugeben und die Suppe purieren. Mit Salz, weißem Pfeffer und Zitronensaft abschmecken.

3 Topinambur in dünne Scheiben schneiden und in einer Pfanne in dem Olivenöl frittieren. Die Scheiben auf Küchenpapier ausbreiten, salzen und pfeffern.

4 Die Suppe auf Teller verteilen und mit geschlagener Sahne, gerösteten Sonnenblumenkernen, Kürbiskernen oder gehackter Petersilie garnieren.

CA. 6 PORTIONEN

Zwiebel	1 (50 g)
Butter	30 g
Topinambur	500 g
Gemüsefond	1 l
Sahne	250 g
Salz	
frisch gemahlener weißer Pfeffer	
Zitronensaft	1 EL
Olivenöl	50 ml
Sahne, Sonnenblumenkerne, Küriskerne oder Petersilie zum Ganieren	

schnell

Information: Sie können den Topinambur auch mit Schale verwenden, müssen ihn dann aber gut unter fließendem Wasser abbürsten, denn an den knubbeligen Knollen haftet meistens viel Erde.

HAUPTGERICHTE

Grünkernklöße mit Rahmsauerkraut

Eines meiner Lieblingsessen im Winter – ein Essen, zu dem der Berliner sagen würde: »Futtern wie bei Muttern.« Es schmeckt am besten mit einem klassischen Kartoffelpüree oder mit Salzkartoffeln.

Zubereitung Grünkernklöße

1 Für die Klöße den Backofen auf 200 °C vorheizen. Brötchen in einer kleinen Schüssel in kaltem Wasser einweichen.

2 Zwiebeln schälen, sehr fein würfeln und in einem Topf in 50 ml Olivenöl glasig dünsten. Mit Gemüsefond ablöschen, Senf und Muskatnuss dazugeben. Aufkochen und Grünkern- und Weizenschrot mit einem Schneebesen unterrühren.

3 Bei geringster Hitze kochen lassen. Von der Platte nehmen, wenn die Masse beginnt anzusetzen, mit einem Deckel abdecken und ca. 30 Minuten quellen lassen.

4 Eingeweichtes Brötchen gut ausdrücken. Käse reiben. Rosmarin und Salbei sehr fein hacken. Grünkernmasse, Brötchen, Ei, Käse, Rosmarin, Salbei, Salz und Pfeffer miteinander vermengen. Mit feuchten Händen zu Klößen mit je ca. 40 g Gewicht formen. Auf ein geöltes Backblech setzen und im Ofen bei 200 °C ca. 30 Minuten backen.

CA. 24 KLÖSSE À CA. 40 G

Für die Klöße

Vollkornbrötchen	1
Zwiebeln	1 ½
Olivenöl	50 ml
Gemüsefond	500 ml
Senf	1 geh. TL
frisch geriebene Muskatnuss	1 Msp.
grob geschroteter Grünkern	125 g
grob geschroteter Weizen	125 g
Käse (Gouda, Emmentaler oder Parmesan)	50 g
frischer Rosmarin	1 TL
frischer Salbei	1 TL
Ei	1
Salz	1 gestr. TL
frisch gemahlener schwarzer Pfeffer	2 Msp.
Öl für das Blech	

mittel

Zubereitung Rahmsauerkraut

1 Für das Rahmsauerkraut Butter in einem Topf schmelzen. Zwiebel schälen, fein hacken und in der Butter glasig dünsten. Mit Weißwein ablöschen.

2 Gemüsefond, Sauerkraut, Lorbeerblatt und Wacholderbeeren dazugeben. Im geschlossenen Topf bei geringster Hitze ca. 15 Minuten köcheln lassen.

3 Sahne dazugeben und weitere 5 Minuten köcheln. Mit Salz und Pfeffer abschmecken.

SAUERKRAUT: 4 PORTIONEN

Für das Rahmsauerkraut	
Butter	25 g
Zwiebel	1 (50 g)
Weißwein	100 ml
Gemüsefond	300 ml
Sauerkraut	500 g
Lorbeerblatt	1
Wacholderbeeren	5
Sahne	100 g
Salz	
frisch gemahlener schwarzer Pfeffer	

mittel

Information: Das Sauerkraut gewinnt an Geschmack, wenn Sie es 1–2 Tage im Voraus zubereiten.

Risi e Bisi mit Pfifferlingen

Verwenden Sie für Risotto einen ungeschälten Rundkornreis der Sorten Arborio, Vialone Nano oder Carnaroli. Diese Sorten besitzen viel Stärke und machen das Risotto fantastico cremig.

Risotto ist ein Everbody's Darling, es harmoniert nahezu mit jeder Zutat. Risi e Bisi gehört zu den Risotto-Klassikern – und mit Pfifferlingen ist es einfach super buono, mamma mia, grande momenti!

Zubereitung

1 Butter und die Hälfte des Olivenöls (3 EL) in einem Topf zusammen erhitzen. Den Reis ungewaschen dazugeben. Ca. 2 Minuten bei geringer Hitze dünsten, aber nicht braun werden lassen.

2 Schalotten schälen, fein hacken und die Hälfte dazugeben. Weitere 2 Minuten dünsten. Mit dem Weißwein ablöschen.

3 Wenn der Wein vom Reis aufgenommen wurde, ein Drittel des heißen Gemüsefonds unterrühren. Im offenen Topf bei geringer Hitze köcheln lassen, dabei häufig rühren.

4 Jeweils ein Drittel des Fonds in den Reis geben, wenn der Fond ganz vom Reis aufgenommen ist. Dabei häufig rühren. Ist der Gemüsefond verbraucht, sollte der Risotto cremig sein. Ist er das nicht, noch etwas Gemüsefond hinzugeben und einkochen lassen.

5 Aufgetaute Erbsen dazugeben und kurz erwärmen. Parmesan reiben und unterrühren, mit Salz und Pfeffer abschmecken.

6 Pfifferlinge mit einem Tuch oder Pinsel putzen. Die andere Hälfte der Schalotten in einer Pfanne im restlichen Olivenöl (3 EL) glasig dünsten. Pfifferlinge dazugeben und kurz darin unter Schwenken braten (sautieren).

7 Pfifferlinge und fein geschnittenes Basilikum unter das Risotto rühren.

2 PORTIONEN

Butter	25 g
Olivenöl	8 EL
Vollkorn-Risottoreis	250 g
Schalotten	1–3 (50 g)
Weißwein	125 ml
Gemüsefond	800 ml
Erbsen, tiefgekühlt	150 g
Parmesan	50 g
Salz	
Pfifferlinge	200 g
frisch gemahlener	
schwarzer Pfeffer	
frisches Basilikum	

mittel

Informationen: Vollkornreis hat eine längere Kochzeit als der geschälte Reis. Rechnen Sie mit ca. einer Stunde.

Getreidebratlinge

Diese Bratlinge lassen sich auch gut aus Weizen, Dinkel, Kamut, Hirse oder Quinoa herstellen. Ich backe mir meistens noch ein paar dünne Bratlinge extra und belege damit mein Brot. Dazu selbst gemachten Ketchup, Senf und ein Gürkchen – total altmodisch. Es geht aber auch modern als Patty für Hamburger.

Zubereitung

1 Reis mit 800 ml Wasser und etwas Salz aufsetzen und ca. 45 Minuten im geschlossenen Topf recht weich kochen und abkühlen lassen. Evtl. noch etwas Wasser dazugeben. Währenddessen Brötchen in einer kleinen Schüssel in lauwarmem Wasser ca. 30 Minuten einweichen. Couscous mit 100 ml kochendem Wasser begießen und 10 Minuten in einem geschlossenen Gefäß quellen lassen.

2 Eingeweichte Brötchen gut ausdrücken. Zwiebeln schälen und fein hacken. Knoblauch schälen und durchpressen. Käse reiben.

3 Brötchen, Zwiebeln, Knoblauch, Käse, Reis, Couscous, Haferflocken, Eier, Sojasauce, Senf und Gewürze miteinander vermengen.

4 Die Masse mit feuchten Händen zu Burgern, Bällchen oder Sticks formen und in einer Pfanne in Olivenöl von beiden Seiten goldbraun braten.

CA. 38 GETREIDEBRATLINGE

À CA. 50 G

Vollkorn-Rundkornreis	350 g
Salz	
Vollkornbrötchen	2
Couscous	100 g
Zwiebeln	3 (150 g)
Knoblauchzehe	1
Käse (Gouda, Emmentaler oder Parmesan)	80 g
zartschmelzende Haferflocken	100 g
Eier	2
Sojasauce	5 EL
Senf	1 geh. EL
gehackter Rosmarin	1 geh. EL
gehackter Salbei	1 geh. EL
frisch gemahlener schwarzer Pfeffer	1 gestr. TL
frisch geriebene Muskatnuss	3 Msp.
Olivenöl zum Braten	100 ml

mittel

Information: Getreidebratlinge lassen sich gut einfrieren.

Backkartoffeln mit schnellem Tomatenketchup

Meine ersten Pommes habe ich im Sommer 1966 mit meiner Schwester Ulla an der Ostsee gegessen. Die Pommes wurden gesalzen, in eine weiße Papiertüte gefüllt, Ketchup oder Mayonnaise obendrauf, Spieker an die Seite gesteckt und in eine Papierserviette eingeschlagen. Über die Inhaltsstoffe haben wir uns keine Gedanken gemacht. Heute wissen wir, dass sich in einer 300-ml-Flasche Ketchup ca. 75 g Zucker verstecken und Pommes in gehärtetem Backfett zubereitet werden. Beides ungesund. Und weil die Fritten nicht mehr in diesen schicken weißen Papiertüten verkauft werden, essen wir jetzt Backkartoffeln aus der selbst gebastelten Tüte zu Hause auf dem Sofa. Ist das lecker!

Zubereitung

1 Backofen auf 220 °C vorheizen. Kartoffeln waschen, abtrocknen und in fingerdicke Spalten schneiden. Backblech dick mit dem Olivenöl bestreichen.

2 Kartoffeln mit etwas Abstand zueinander darauf platzieren. Wenn sie zu eng liegen, werden sie nicht richtig kross. 15–20 Minuten backen, bis sie braun sind. Salzen und pfeffern.

3 Für das Tomatenketchup alle Zutaten mit 50 ml Wasser in ein Schraubdeckelglas füllen, Glas verschließen und gut durchschütteln.

Information: Bei Verwendung von 2- oder 3-fach konzentriertem Tomatenmark mehr Wasser dazugegeben.
Das Ketchup hält sich im Kühlschrank zwei bis drei Wochen.

4 PORTIONEN

Für die Backkartoffeln

Kartoffeln	800 g
Olivenöl	100 ml
Salz	
frisch gemahlener schwarzer Pfeffer	

Für das Tomatenketchup

Tomatenmark	200 g
Akazienhonig	100 g
Essig	2 EL
Currypulver	1 geh. TL
Salz	1 geh. TL

schnell

Gnocchi

Die Nacht muss nicht immer schwarz sein und Gnocchi nicht immer weiß. Wie wäre es mal mit blauen, grünen oder roten Gnocchi? Das geht auch ohne chemische Lebensmittelfarbe, nur mit Farben aus der Natur.

Zubereitung Gnocchi

1 Für die Gnocchi am Vortag die Kartoffeln waschen und mit Schale in einem Topf mit Salzwasser kochen.

2 Die gekochten Kartoffeln für die Gnocchi pellen und durch eine Kartoffelpresse drücken. Mit Mehl, Ei, 2 geh. TL Salz und Muskatnuss vermischen.

3 Den Teig in 4 Teile teilen und auf einer bemehlten Arbeitsfläche mit den Händen zu Rollen mit ca. 2 cm Durchmesser formen. Ca. 2 cm lange Stücke von den Rollen schneiden und mit den Händen zu Gnocchi formen. Wenn der Teig klebt, immer wieder Mehl dazugeben und die Hände gut mit Mehl bestäuben.

4 In einem Topf Salzwasser aufkochen lassen, dann die Hitze reduzieren. Gnocchi in das siedende Salzwasser geben und einige Minuten ziehen lassen, bis sie an die Oberfläche steigen. Vorsicht, das Wasser darf nicht kochen!

5 Gnocchi mit einem Schaumlöffel herausnehmen und abtropfen lassen. Die Salbeibutter erwärmen und über die Gnocchi geben. Zum Schluss mit geriebenem Parmesan bestreuen.

GNOCCHI: 4 PORTIONEN ALS HAUPTMAHLZEIT, 8 PORTIONEN ALS BEILAGE

Für die Gnocchi

mehlig kochende Kartoffeln	600 g
Vollkorn Weizenmehl oder Reismehl	100 g
Ei	1
Salz	
frisch geriebene Muskatnuss	1 Msp.

⏱ –

mittel

Information: Statt Salbeibutter passen zu Gnocchi Tomaten- oder Sahnesaucen sehr gut.

Zubereitung Salbeibutter

1 Für die Salbeibutter Butter und Olivenöl in einem kleinen Topf zusammen erhitzen. Salbei klein schneiden. Alle Zutaten miteinander vermengen und 1 Stunde ziehen lassen. Mit 1 gestr. TL Salz, Pfeffer und Muskat abschmecken.

SALBEIBUTTER: 6 PORTIONEN ___

Für die Salbeibutter

Butter	100 g
Olivenöl	100 ml
Salbei	1 geh. EL
Salz	
frisch gemahlener schwarzer Pfeffer	1 Msp.
frisch geriebene Muskatnuss	1 Msp.
Parmesan	50 g

mittel

Informationen:

Für **rote Gnocchi** 2–4 gehäufte TL Rote-Bete-Püree oder 1 geh. TL geraspelte Rote Bete mit dem Kartoffelteig vermengen. Die Masse wird dadurch sehr feucht und es muss immer wieder Mehl dazugegeben werden.

Für **grüne Gocchi** 50 g Petersilie mit 50 ml Wasser sehr fein mixen. Ca. 2 geh. TL des Pürees mit dem Kartoffelteig vermengen.

Für **blaue Gnocchi** statt gelber Kartoffeln blaue Kartoffeln verwenden (z.B. »Blauer Schwede« oder »Blaue Kongo«). Blaue Kartoffeln werden im Bioladen oder in Fachgeschäften angeboten.

Gnocchi können übrigens gut schon 1–2 Tage im Voraus vorbereitet werden. Dazu nimmt man die gekochten Gnocchi mit dem Schaumlöffel aus dem Topf und gibt sie für 3 Minuten in kaltes Wasser. Danach gut abtropfen lassen und mit 2 EL Olivenöl benetzen. Zugedeckt im Kühlschrank lagern. Zum Erwärmen werden die Gnocchi kurz in siedendem Salzwasser erhitzt.

Mit Polenta gefüllte Fenchelschalen an Wildreis

Ein leichtes Sommeressen, das sich gut in ein Menü integrieren lässt. Der Mais sollte möglichst frisch gekocht werden. Geben Sie etwas Honig ins Kochwasser und salzen Sie den Mais erst nach dem Kochen, dann bleiben die Körner schön weich.

Zubereitung

1 Backofen auf 220 °C vorheizen.

2 Wildreis kurz mit kaltem Wasser waschen und im Sieb abtropfen lassen. Mit 400 ml Wasser und 1 gestr. TL Salz in einem Topf zum Kochen bringen. Bei geringer Hitze im geschlossenen Topf ca. 45 Minuten garen.

3 In der Zwischenzeit Fenchelknollen waschen, längs halbieren und die einzelnen Schichten ablösen. Fenchelschalen 1 Minute in einem Topf mit kochendem Wasser mit 1 gestr. TL Salz blanchieren. In eiskaltem Wasser abschrecken und abkühlen lassen. Anschließend trockentupfen.

4 Den Maiskolben waschen, in Wasser mit dem Honig in einem Topf ca. 2 Minuten kochen. Etwas abkühlen lassen und die Körner mit einem Messer vom Kolben schneiden.

5 Für die Polenta Sahne, 250 ml Wasser, Butter, 1 gestr. TL Salz, Pfeffer und Muskat in einem Topf zusammen aufkochen. Maisgrieß zügig mit einem Schneebesen einrühren.

6 Bei geringster Hitze ca. 2 Minuten köcheln, dabei mit einem Holzlöffel öfter umrühren.

7 Käse fein reiben. Die Hälfte des Käses und den Mais unter die Polentamasse rühren. Polenta in die Fenchelschalen füllen, mit dem restlichen Käse bestreuen und auf ein geöltes Backblech setzen. 10–15 Minuten backen, bis die Polenta zu bräunen beginnt.

4 PORTIONEN

Wildreis	200 g
mittelgroße	
Fenchelknollen	2–3
Salz	
junger Maiskolben	1
Honig	1 TL
Sahne	250 g
Butter	25 g
Maisgrieß	125 g
Emmentaler	100 g
frisch gemahlener	
weißer Pfeffer	2 Msp.
frisch geriebene	
Muskatnuss	1 Msp.
Öl für das Blech	

mittel

Information: Dazu passt eine kalte oder warme Tomatensauce.

Pizza Margherita

Es war einmal eine Königin mit Namen Margherita. Sie lebte in Neapel und hatte am 11. Juni 1889 unbändigen Appetit auf Pizza. Deshalb bestellte sie eine Pizza bei der besten Pizzeria der Stadt, der Pizzeria Brandi. Der italienverliebte Pizzabäcker Raffaele Esposito legte sich mächtig für sie ins Zeug und kreierte eine Pizza in den italienischen Nationalfarben: grünes Basilikum, rote Tomatensauce und weißer Mozzarella. Buono! Und wäre sie nicht Königin gewesen, wäre sie mit dem Pizzabäcker durchgebrannt.

Zubereitung Teig

1 Für den Teig Hefe mit 100 ml lauwarmem Wasser und 50 g Mehl in einer Schüssel verrühren. Abdecken und an einem warmen Ort 15–30 Minuten gehen lassen, bis die Hefe Blasen wirft.

2 Restliches Mehl mit Salz mischen. Mit ca. 550 ml lauwarmem Wasser, Olivenöl und der Hefemischung vermengen.

3 Den Teig 10 Minuten mit den Händen kneten (mit einer Küchenmaschine 5 Minuten) und zu einer Kugel formen. Der Teig sollte nicht zu trocken sein, eher noch etwas an den Fingern kleben.

4 Die Schüssel mit Mehl ausstäuben und den Teig hineinlegen. Mit einem Messer ein Kreuz in den Teig ritzen, danach mit Mehl bestäuben. Schüssel mit einem Tuch abdecken und an einem warmen Ort 30–60 Minuten gehen lassen, bis sich das Volumen verdoppelt hat. Anschließend nochmals ca. 2 Minuten gut durchkneten.

5 Backofen auf höchste Stufe vorheizen. Den Teig in ca. 100 g-Stücke teilen und zu Kugeln formen. Mit einem Nudelholz zu Fladen von ca. 15 cm Durchmesser ausrollen. Auf ein geöltes Backblech setzen. Mit einem Tuch abdecken und nochmals ca. 15 Minuten gehen lassen.

6 Die Fladen ca. 4 Minuten backen und abkühlen lassen.

FÜR 18 STÜCK À CA. 100 G _____

Für den Teig

frische Hefe	1 Würfel (42 g)
oder Trockenhefe	2 Pkg.
Vollkorn-Weizenmehl	1 kg
Salz	3 geh. TL
Olivenöl	30 ml
und etwas Öl für das Blech	

Information: Ich bevorzuge es, den Teig mit der Hand zu kneten. Das gibt dem Teig eine persönliche Note. Es hat viele Vorteile, den Pizzateig vorzubacken: Der Boden kann ohne Belag besser aufgehen. Außerdem kann man die fertigen Böden einfrieren und bei Pizza-Heißhunger (was bei mir mindestens einmal in der Woche vorkommt) ruck, zuck belegen und in den Ofen schieben.

Zubereitung Belag

1 Für den Belag frische Tomaten waschen, fein hacken, kurz pürieren und Salz, Pfeffer und Lorbeerblatt dazugeben. Dosentomaten nicht pürieren.

2 Pizza mit je 1–2 EL Tomatensauce bestreichen. Mozzarella in Stücke schneiden und auf der Tomatensauce verteilen. Knoblauch schälen, durchpressen und mit 100 ml Olivenöl verrühren. Knoblauchöl über den Belag träufeln.

3 Pizza 5–7 Minuten backen, aus dem Ofen nehmen. Basilikum waschen, Blättchen zerzupfen, darüberstreuen und die Pizza mit etwas Olivenöl beträufeln.

Für den Belag

frische Tomaten	
oder stückige Tomaten	
aus der Dose	400 g
Salz	1 geh. TL
frisch gemahlener	
schwarzer Pfeffer	2 Msp.
Lorbeerblatt	1
Büffelmozzarella	500 g
Knoblauchzehe	1
Olivenöl	100 ml
Basilikum	1 Bund

🕐 ———————————

lang

Information: Kochen Sie die Tomatensauce nicht und verwenden Sie aromatische Sommertomaten oder, wenn es die Jahreszeit nicht zulässt, stückige Tomaten aus der Dose. Gekochte Tomatensauce ist zu intensiv und der Tomatengeschmack dann zu vordergründig. Die perfekte Pizza sollte eine Einheit von Teig, Tomate, Käse, Olivenöl und frischen Kräutern bilden. Außerdem sollte der Belag eher spärlich sein, denn Pizza ist Pizza und kein Gemüsekuchen.

Die größte Schwierigkeit beim Pizzabacken zu Hause stellt der Ofen dar: Ein Haushalts-Backofen kann nur eine Höchsttemperatur von 250–260 °C erreichen. Pizzabacköfen haben Temperaturen um die 400 °C. Dadurch kann die Pizza nur kurz gebacken werden, bekommt einen knusperigen Boden und ist trotzdem innen noch angenehm weich.

Cannelloni mit Grünkohl

Eine würzige Verbindung von mediterraner und norddeutscher Küche. In der Winterzeit kommt der Grünkohl in diesem italienischen Outfit leicht sommerlich daher.

Zubereitung

1 Backofen auf 200 °C vorheizen. Grünkohl waschen und die Blätter von den harten Strünken zupfen. In einem großen Topf mit 2 l Wasser und 2 geh. Salz ca. 2 Minuten blanchieren. Durch ein Sieb abgießen und sofort in eiskaltes Wasser legen. Den abgekühlten Grünkohl gut ausdrücken und klein schneiden. Mit der gekochten Tomatensauce vermengen.

2 1 l Wasser mit 1 geh. TL Salz und 1 Lorbeerblatt zum Kochen bringen. Lasagneblätter einzeln hineinlegen und 8–10 Minuten leise köcheln lassen. Mit einem Kochlöffel ab und zu vorsichtig die einzelnen Lasagneblätter voneinander trennen, sie kleben leicht zusammen.

3 Lasagneblätter behutsam aus dem Kochwasser nehmen, in einem Sieb leicht abtropfen lassen und auf einer Arbeitsfläche ausbreiten.

4 Für die Béchamelsauce Olivenöl in einem Topf erhitzen, Mehl dazugeben und mit dem Schneebesen gut miteinander verrühren. Sahne und 200 ml Wasser unterrühren und unter häufigem Rühren zum Kochen bringen. 1 Lorbeerblatt, 1 geh. TL Salz, Pfeffer und Muskat dazugeben. 1–2 Minuten bei geringer Hitze köcheln.

5 Jedes Lasagneblatt mit 1 EL Béchamelsauce bestreichen und mit 1 geh. TL Parmesan oder Pecorino bestreuen. Den Grünkohl darauf verteilen (ca. 60 g pro Lasagneblatt).

6 Die Lasagneblätter zusammenrollen und in eine mit Olivenöl gefettete feuerfeste Form (z. B. einen Bräter) legen. Statt Olivenöl kann auch die restliche Tomatensauce in die Form gegeben werden.

7 Die Cannelloni auf der Oberfläche mit wenig Béchamelsauce bestreichen und mit etwas Parmesan bestreuen. 10–15 Minuten goldbraun backen.

CA. 4 PORTIONEN

Grünkohl, vorbereitet gewogen und blanchiert	200 g
Salz	
Tomatensauce (siehe Rezept Seite 137)	300 g
Lorbeerblätter	2
Lasagneblätter	8
Olivenöl	4 EL
Vollkorn-Weizenmehl	35 g
Sahne	200 g
frisch gemahlener schwarzer Pfeffer	2 Msp.
frisch geriebene Muskatnuss	1 Msp.
Parmesan oder Pecorino	50 g

mittel

Information: Für die Cannelloni verwende ich Lasagneplatten. Die vorgekochten Lasagneblätter belege ich mit der Füllung, rolle sie zusammen und gratiniere sie. Das ist praktischer und geht einfacher, als die vorgefertigten Cannelloni-Rollen zu füllen.

Planet-Buddha-Reistafel

Traditionell wird in Indien das Essen mit der Hand gegessen. Das ist nicht etwa primitiv, sondern eine hilfreiche Praxis, die unseren Körper auf die Nahrungsaufnahme vorbereitet. In dem Augenblick, in dem wir das Essen mit der Hand berühren, erhält unser Körper das Signal »Achtung, gleich gibt es was zu essen«. Darüber hinaus gibt es Informationen, ob das Essen kalt oder warm ist und welche Konsistenz es hat. Und es gibt noch einen Pluspunkt im Küchengeschehen: Sie haben weniger Abwasch.

Die Reistafel, die ich hier für Sie zusammengestellt habe, besteht aus Linsendal, Rote-Bete-Curry, Ananas-Kokos-Sambal, Raita, Pilaw, Blumenkohl-Erbsen-Zucchini-Gemüse und Falafel.

Zubereitung Linsendal

1 Zwiebeln schälen, fein hacken und in einem Topf in Olivenöl glasig dünsten. Knoblauch schälen und dazupressen.

2 Gemüsefond, Lorbeerblatt, Linsen, Kreuzkümmel, Curry und Tomatenmark hinzugeben. Ingwer schälen, fein reiben und dazugeben.

3 Im offenen Topf bei geringster Hitze 10–15 Minuten köcheln, bis die Linsen weich sind.

4 Möhren waschen und fein würfeln. In den letzten 2 Minuten dazugeben. Mit Salz, Pfeffer und gehacktem frischem Koriandergrün abschmecken.

8 PORTIONEN

Linsendal

Zwiebeln	2 (100 g)
Olivenöl	50 ml
Knoblauchzehe	1
Gemüsefond	1 l.
Lorbeerblatt	1
rote Linsen	250 g
Kreuzkümmel	1 geh. TL
Curry	1 geh. TL
Tomatenmark	1 geh. EL
Ingwer	30 g
Möhren	100 g
Salz	
frisch gemahlener schwarzer Pfeffer	
Koriandergrün	einige Stängel

schnell

Zubereitung Rote-Bete-Curry

1 Ingwer mit der Schale in kleine Stücke schneiden. Knoblauch schälen und durchpressen. Koriander und Thaibasilikum waschen und fein hacken. Chilischote waschen, Kerne und weiße Scheidewände entfernen und die Schote fein hacken. Zwiebeln schälen, fein hacken und in einem Topf im Olivenöl glasig dünsten.

2 Kokosmilch, Ingwer, Gemüsefond, Curry, Salz, Kurkuma, Chili, Knoblauch, Zimt, Koriandergrün, Sternanis und Thaibasilikum dazugeben. 10 Minuten bei kleiner Hitze im geschlossenen Topf köcheln lassen. Topf von der Platte nehmen und das Ganze 30 Minuten ziehen lassen.

3 Die Zimtstange herausnehmen und die Currysauce mit einem Pürierstab cremig mixen.

4 Rote Bete waschen und mit der Schale (nur wenn die Schale noch nicht runzelig ist) klein raspeln. Mit der Currysauce bei geringer Hitze 5–10 Minuten al dente garen. Mit Salz, Chili, Koriander und Zitronensaft abschmecken.

8 PORTIONEN

Rote-Bete-Curry

Ingwer	60 g
Knoblauchzehe	1
Koriander	½ Bund
Thaibasilikum	3 Zweige
Chilischote	1 kleine
Zwiebeln	2 (100 g)
Olivenöl	100 ml
Kokosmilch	000 ml
Gemüsefond	200 ml
Curry	1 geh. TL
Salz	1 geh. TL
Kurkuma	½ TL
Zimtstange	1
Sternanis	1–2
Rote Bete	500 g
Zitronensaft	1 TL

🕐

mittel

Zubereitung Ananas-Kokos-Sambal

1 Zwiebel schälen, fein hacken und in einem Topf im Olivenöl glasig dünsten. Tomatenmark und Salz dazugeben. Chilischote waschen, Kerne und weiße Scheidewände entfernen und die Schote fein hacken. Mit den Zwiebeln mischen.

2 Ananas in Würfel mit ca. 1 cm Kantenlänge schneiden. Zusammen mit den Kokosflocken zu den Zwiebeln geben und alles miteinander vermengen.

8 PORTIONEN

Ananas-Kokos-Sambal

Zwiebel	½ (25 g)
Olivenöl	25 ml
Tomatenmark	10 g
Salz	½ TL
frische Chilischote	1
frische Ananas	200 g
grob geraspelte Kokosflocken (frisch oder getrocknet)	100 g

🕐

schnell

Zubereitung Trauben-Raita

1 Raitas sind Joghurtcremes mit Früchten, Nüssen, Gemüsen und Gewürzen. Sie nehmen etwas von der Schärfe von Currygerichten und kühlen angenehm.

2 Trauben waschen, halbieren und evtl. die Kerne entfernen. Cashewkerne grob hacken.

3 Alle Zutaten miteinander vermengen.

8 PORTIONEN

Trauben-Raita

Trauben	400 g
Cashewkerne	8 EL
Joghurt oder Schmand	500 g
Honig	2 EL
frisch geriebene Muskatnuss	1 Msp.

🕐

schnell

Zubereitung Pilaw

1 Rosinen in einer kleinen Schüssel in 200 ml Wasser ca. 1 Stunde einweichen.

2 Reis waschen und im Sieb abtropfen lassen. In einem Topf in 1 l Wasser mit dem Salz zum Kochen bringen und bei geringster Hitze ca. 30 Minuten so lange im geschlossenen Topf kochen, bis das Wasser verkocht ist. Mandelstifte in einer Pfanne ohne Fett hellbraun rösten.

3 Reis und Rosinen miteinander vermengen und nochmals bei geringster Hitze erhitzen. Die gerösteten Mandeln über den Reis streuen.

8 PORTIONEN

Pilaw

Rosinen	120 g
Vollkorn-Basmatireis	500 g
Salz	1 geh. TL
Mandelstifte	100 g

🕐

mittel

Zubereitung Blumenkohl-Erbsen-Zucchini-Gemüse

1 Blumenkohl waschen und in kleine Röschen teilen. Zucchini waschen und in Scheiben, Würfel oder andere gewünschte Formen schneiden.

2 1 l Wasser mit etwas Salz in einem Topf zum Kochen bringen. Zuerst den Blumenkohl im sprudelnden Wasser bissfest blanchieren, dann Zucchini und Erbsen dazugeben und ebenfalls kurz blanchieren.

8 PORTIONEN

Blumenkohl-Erbsen-Zucchini-Gemüse

Blumenkohl	500 g
Zucchini	500 g
Salz	
TK-Erbsen	500 g

🕐

schnell

Semmelknödel mit Schwammerlsauce

Was als Resteessen zum Verbrauchen von altem, trocken gewordenem Brot das Licht der Welt erblickte, ist im Laufe der Jahrzehnte zu einem echten Gaumenschmaus geworden. Meistens habe ich keine Brotreste vorrätig, deshalb hole ich mir von meinem Bio-Bäcker frische Vollkornbrötchen, schneide diese klein und trockne sie an der Luft. Wenn es noch schneller gehen soll als ein Atlantiküberflug, dann trockne ich die Brotwürfel bei niedrigster Temperatur im Backofen. Wichtig ist, dass das Brot trocken ist. Mit frischem Brot funktioniert's nicht.

Zubereitung Semmelknödel

1 Möglichst 2 Tage im Voraus Vollkornbaguette oder -brötchen in Würfel mit ca. 1 cm Kantenlänge schneiden. In einer offenen Schüssel trocknen lassen.

2 Backofen auf 175 °C vorheizen. Zwiebeln schälen, in feine Würfel schneiden und in der Butter oder dem Öl in einem kleinen Topf glasig dünsten. Sahne, 200 ml Wasser, Salz, Pfeffer und Muskat dazugeben.

3 Aufkochen und über die Brot- oder Brötchenwürfel geben. Die Masse gut verrühren, aber nicht quetschen und etwas abkühlen lassen.

4 Parmesan reiben, Petersilie waschen und fein hacken. Beides zusammen mit den Eiern unter die Brotmasse heben, abdecken und 30 Minuten ruhen lassen.

5 Mit feuchten Händen Klöße formen und auf ein gefettetes Backblech setzen. 10–15 Minuten goldbraun backen.

KNÖDEL: 25 STÜCK À CA 60 G

Für die Semmelknödel

getrocknetes Vollkornbaguette oder -brötchen	500 g
(ca. 650 g Frischgewicht)	
Zwiebeln	5 (250 g)
Butter oder Öl	150 g
Sahne	200 g
Salz	1 geh. TL
frisch gemahlener schwarzer Pfeffer	1 gestr. TL
frisch geriebene Muskatnuss	2 Msp.
Parmesan	80 g
Petersilie	60 g
Eier	2
Fett für das Blech	

mittel

Zubereitung Schwammerlsauce

1 Zwiebel schälen, fein hacken und in einer Pfanne in Butter oder Öl glasig dünsten. Mit Weißwein ablöschen. Sahne und Muskat dazu dazugeben. Wacholderbeeren etwas platt drücken und Parmesan reiben, beides ebenfalls unterrühren. Mit Salz und Pfeffer würzen. Aufkochen, von der Platte ziehen und 30 Minuten ziehen lassen. Petersilie waschen und fein hacken.

2 Wacholderbeeren herausnehmen, nochmals aufkochen und mit einem Pürierstab cremig mixen.

3 Pilze mit einem Pinsel oder einem Tuch säubern. Nicht waschen. In Scheiben oder in Würfel schneiden, zur Sauce geben und kurz verrühren. Nicht mehr aufkochen. Petersilie dazugeben.

SAUCE: CA. 8 PORTIONEN

Für die Schwammerlsauce

Zwiebel	½ (25 g)
Butter oder Olivenöl	25 g
Weißwein	75 ml
Sahne	500 g
frisch geriebene Muskatnuss	1 Msp.
Wacholderbeeren	2
Parmesan	25 g
Salz	1 gestr. TL
frisch gemahlener weißer Pfeffer	2 Msp.
Petersilie	½ Bund
Champignons	800 g

schnell

Information: Die Semmelknödel lassen sich gut im Rohzustand oder schon gebacken einfrieren.
Die Sauce passt auch wunderbar zu allen Nudelgerichten und ist ohne Pilze ebenfalls gut zum Einfrieren geeignet.

Zucchinifritter

Der Begriff Fritter kommt aus dem Englischen und steht für Gemüse oder Obst, das gebraten wird. Man könnte auch Bratling, Frikadelle oder Bulette sagen. Zucchinifritter hat mir auf jeden Fall besser gefallen als Zucchiniklopse. Wenn ich mit meiner Freundin Monika aus Santa Fe in der Küche stehe und wir zusammen Zucchinifritter zubereiten, dann sprechen wir es immer ganz breit Amerikanisch aus und lachen darüber, wie toll das klingt.

Zubereitung

1 Lauch putzen, waschen und in feine Ringe schneiden. Petersilie waschen und fein hacken. Käse reiben. Alles in einer Schüssel miteinander vermengen.

2 Zucchini waschen, auf einem Gemüsehobel grob reiben und mit allen übrigen Zutaten in der Schüssel vermengen.

3 Kleine Fritter formen und in Olivenöl von beiden Seiten in einer Pfanne leicht braun braten. Zügig arbeiten, da die Masse schnell wässrig wird.

CA. 14 STÜCK À CA. 60 G

Lauch	100 g
Petersilie	1 Bund
Käse (Gouda oder Emmentaler)	50 g
Zucchini	500 g
Vollkorn-Weizenmehl	50 g
zartschmelzende Haferflocken	50 g
Salz	1 TL
frisch gemahlener schwarzer Pfeffer	½ TL
frisch geriebene Muskatnuss	1 Msp.
Eier	2
Olivenöl	100 ml

mittel

Falafel mit Tahinsauce

Falafel ist ein sehr altes Gericht, von dem man heute nicht mehr weiß, wann es erstmals zubereitet wurde. Man nimmt an, dass die Kopten dieses Gericht für die Fastenzeit vorgesehen haben. In Israel ist Falafel ein Nationalgericht. Es ist Bestandteil aller Küchen des Nahen und Mittleren Ostens sowie Nordafrikas.

Zubereitung

1 Kichererbsen 24 Stunden in 800 ml Wasser in einer Schüssel einweichen.

2 Am nächsten Tag die Kichererbsen zusammen mit dem Einweichwasser, dem Lorbeerblatt und 1 TL Salz in einem Topf zum Kochen bringen. Im fest verschlossen Topf bei geringer Hitze ca. 1 Stunde kochen. Das Kochwasser abgießen, dabei 50 ml zurückbehalten. Die Kichererbsen etwas abkühlen lassen, dann zusammen mit dem zurückbehaltenen Kochwasser pürieren.

3 Zwiebel schälen, fein hacken und mit 1–2 EL Oivenöl (15 ml) in einer Pfanne glasig dünsten. Knoblauch schälen und dazupressen. Chilischote waschen, Kerne und weiße Scheidewände entfernen und die Schote fein hacken. Petersilie waschen und fein hacken.

4 Couscous mit 50 ml kochendem Wasser begießen. 1 EL Olivenöl und etwas Salz unterrrühren. 10 Minuten im geschlossenen Gefäß ziehen lassen.

5 Kichererbsenpüree, Zwiebel-Knoblauch-Mischung, 1 Msp. gehackte Chilischote, Petersilie, Couscous, Mehl, 1 EL Tahin, Zitronensaft und Kreuzkümmel miteinander vermengen. Mit Salz und Pfeffer abschmecken.

6 Nocken, Medaillons oder Bällchen aus der Masse formen. In dem restlichen Olivenöl (ca. 480 ml) bei mittlerer Hitze frittieren, in einer Pfanne mit reichlich Öl backen oder im auf 200 °C vorgeheizten Ofen auf einem geölten Blech backen, bis sie braun sind.

7 Die Knoblauchzehe für die Tahinsauce schälen und durchpressen. Alle Zutaten mit 100 ml Wasser mit einem Pürierstab oder Blender pürieren.

4 PORTIONEN, ENTSPRICHT 20 FALAFELBÄLLCHEN À CA. 20 G

Für die Falafel

Kichererbsen	100 g
Lorbeerblatt	1
Salz	
Olivenöl	ca. 500 ml
Zwiebel	½ (25 g)
Knoblauchzehe	1
frische Chilischote	1
Petersilie	½ Bund
Couscous	50 g
Vollkornmehl	50 g
Tahin	1 EL
Zitronensaft	1 TL
Kreuzkümmel	1 gestr. TL
frisch gemahlener schwarzer Pfeffer	

Für die Tahinsauce

Tahin	100 g
Knoblauchzehe	½
Salz	
frisch gemahlener schwarzer Pfeffer	

🕐 ————

lang

Chili con frijoles und Mexican Cigars

Mexican Cigars sind eigentlich Ministrudel, die in Verbindung mit den typischen mexika-nischen Zutaten ein heißes Pärchen abgeben. Das Chili con frijoles (Bohnen-Chili) sollte mit frischen Chilischoten scharf gewürzt werden. Als Erfrischung für den Gaumen setze ich dazu auf den Tellerrand gern noch einen Klacks Crème fraîche oder Schmand.

Zubereitung Chili

1 Kidney-, schwarze und weiße Bohnen separat in 3 Schüsseln in jeweils 600 ml Wasser 24 Stunden einweichen. Danach die Bohnen getrennt zusammen mit dem Einweichwasser, jeweils 1 gestr. TL Salz und 1 Lorbeerblatt in geschlossenen Töpfen ca. 1 Stunde weich kochen. In der Zwischenzeit den Teig für die Mexican Cigars zubereiten.

2 Zwiebeln schälen, fein hacken und in Olivenöl glasig dünsten. Chili-schoten waschen, Kerne und weiße Scheidewände entfernen, Schoten fein hacken. Tomaten waschen und klein schneiden. Knoblauch schälen und durchpressen. Chili, Tomaten, Knoblauch, 1 gestr. TL Salz, Kreuz-kümmel und 1 Lorbeerblatt zu den Zwiebeln geben. Bei geringer Hitze in einem Topf 2 Minuten dünsten.

3 Paprika waschen, entkernen und in Stücke mit ca. 2 cm Kantenlänge schneiden. Zusammen mit den gekochten Bohnen und jeweils 100 g Bohnenkochwasser zur Tomatensauce geben. 2 Minuten bei geringer Hitze kocheln lassen. Mit Salz und Chili abschmecken.

4 Stangenbohnen in kochendem Salzwasser bissfest blanchieren. Abgießen und à la minute mit dem Bohnenchili und den Mexican Cigars auf einem Teller anrichten.

CHILI: 5–6 PORTIONEN

Für das Chili

Kidneybohnen	100 g
schwarze Bohnen	100 g
weiße Bohnen	100 g
Salz	
Zwiebeln	1½ (80 g)
Olivenöl	100 ml
frische Chilischoten	2
Tomaten, frisch oder aus der Dose	100 g
Knoblauchzehe	1
gemahlener Kreuzkümmel	3 geh. TL
Lorbeerblatt	1
rote, grüne und gelbe Paprika	je 100 g
Stangenbohnen	500 g

🕐

lang

Zubereitung Mexican Cigars

1 Für den Teig Mehl, 160 ml Wasser, Salz und Olivenöl in einer Schüssel zu einem geschmeidigen Teig kneten. Abgedeckt 30 Minuten ruhen lassen.

2 Für die Füllung Maiskolben in etwas Wasser in einem Topf 5–7 Minuten bei geringer Hitze garen. Dann die Maiskörner vom Kolben schneiden und gut abtropfen lassen. Lauch putzen, waschen und in sehr dünne Ringe schneiden. Feta reiben oder mit der Hand zerbröseln und mit Mais und Lauch vermengen.

3 Backofen auf 220 °C vorheizen. Den Teig für die Mexican Cigars in 4 gleich große Stücke teilen und auf einer bemehlten Arbeitsfläche (100 g Mehl) mit einem Nudelholz in 50 x 15 cm breite Streifen dünn ausrollen. Quer in 8 cm breite Stücke schneiden und an den Enden mit etwas Wasser bepinseln.

4 Je ca. 30 g Füllung fingerdick auf den Teigstreifen verteilen. Den Teig an den Enden zusammendrücken. Die Cigars auf ein mit Olivenöl geleitetes Backblech legen und die Oberflächen mit Olivenöl einstreichen. Die Cigars ca. 10 Minuten backen und zu den Bohnen servieren.

MEXICAN CIGARS:

CA. 10 PORTIONEN À 3 STÜCK

Für die Mexican Cigars

Vollkorn-Weizenmehl	300 g
Salz	½ TL
Olivenöl	30 ml (5 EL)
Mais aus	
frischen Maiskolben	150 g
Lauch	300 g
Feta	300 g

mittel

Information: Kochen Sie den Mais ohne Salz, denn das Salz macht die Maiskörner hart.

Wirsingbällchen mit Spitzmorchelrahm

Wirsing ist das ganze Jahr über erhältlich, im Frühjahr und Sommer als milderer Frühwirsing und ab Oktober als Herbst- oder Dauerwirsing. Seine Blätter sind zarter als die der meisten anderen Kohlsorten und eignen sich daher auch wunderbar für Salate. Roh gegessen, decken 100 g Wirsing den täglichen Vitamin-C-Bedarf ab. Aber auch gekocht macht er viel her und verwandelt sich in null komma nichts von einer ländlichen Pomeranze zur Grande Diva aller Festlichkeiten.

Zubereitung Wirsingbällchen

1 Evtl. Backofen auf 175 °C vorheizen. Wirsing waschen und mit einem scharfen Messer den Strunk keilförmig herausschneiden, 8 der äußeren Blätter vorsichtig ablösen. Die harten Mittelrippen zur Hälfte aus den Blättern herausschneiden. Den restlichen Wirsing in ca. 1 cm große Stücke schneiden.

2 1 l Wasser mit 1 geh. TL Salz zum Kochen bringen und die Blätter darin 2 Minuten blanchieren. Mit einer Schaumkelle aus dem Wasser nehmen und in eiskaltes Wasser legen. In einem Sieb gut abtropfen lassen. Die Wirsingstücke im Kochwasser ebenfalls 2 Minuten blanchieren, in kaltem Wasser abschrecken und abtropfen lassen. Mit den Händen etwas ausdrücken.

3 Wirsingstücke mit Crème fraîche vermengen, mit Salz, Pfeffer, Muskatnuss und abgeriebener Zitronenschale würzen.

4 Wirsingblätter in eine Suppenkelle oder Tasse legen und darin mit der Wirsingmasse füllen. Die Blätter um die Wirsingmasse schließen und fest andrücken.

5 Die gefüllten Wirsingbällchen 10–15 Minuten auf einem geölten Blech im Ofen backen oder für 5–10 Minuten über Wasserdampf garen.

WIRSINGBÄLLCHEN:

4 PORTIONEN

Für die Wirsingbällchen

Wirsing	1 (ca. 700 g)
Salz	
Crème fraîche	150 g
frisch gemahlener schwarzer Pfeffer	
frisch geriebene Muskatnuss	
abgeriebene Schale von unbehandelter Zitrone	½ Frucht
etwas Öl für das Blech	

🕐

mittel

Zubereitung Kartoffelplätzchen

__1__ Kartoffeln waschen, in Salzwasser in einem Topf ungeschält ca. 25 Minuten kochen und abkühlen lassen.

__2__ Schalen der abgekühlten Kartoffeln abziehen. Kartoffeln durch eine Kartoffelpresse drücken oder durch ein grobes Sieb streichen. Mit Salz, Pfeffer und Muskat würzen.

__3__ Die Kartoffelmasse zu einer Rolle formen. Portionen von je ca. 40 g abnehmen und zu dicken Plätzchen formen. In heißem Öl in einer Pfanne von beiden Seiten goldbraun braten.

Zubereitung Spitzmorchelrahm

__1__ Spitzmorcheln über Nacht in einer kleinen Schüssel mit 100 ml Wasser einweichen.

__2__ Zwiebel schälen, sehr fein hacken und in der Butter in einer Pfanne glasig dünsten. Mit Weißwein ablöschen und mit Gemüsefond und Sahne aufkochen. Mit dem Pürierstab kurz durchmixen.

__3__ Die eingeweichten Spitzmorcheln mit dem Einweichwasser dazugeben und nochmals aufkochen. Mit Salz, Pfeffer, Zitronensaft und Cognac abschmecken.

Information: Die Kartoffelmasse sofort nach der Zubereitung zu Plätzchen braten. Wenn die Masse länger steht, verliert sie ihre Festigkeit und ist schwieriger zu braten. Sie können die Plätzchen vorbereiten und wieder erwärmen, doch häufig werden sie nach 1–2 Stunden innen etwas unansehnlich grünlich-braun.

KARTOFFELPLÄTZCHEN:

4 PORTIONEN

Für die Kartoffelplätzchen

mehlig kochende Kartoffeln	800 g
Salz	
frisch gemahlener schwarzer Pfeffer	
frisch geriebene Muskatnuss	
Öl zum Braten	100 ml

mittel

SPITZMORCHELRAHM:

4 PORTIONEN

Für den Spitzmorchelrahm

getrocknete Spitzmorcheln	15 g
Zwiebel	½ (25 g)
Butter	25 g
Weißwein	25 ml
Gemüsefond	125 g
Sahne	250 g
Salz	
frisch gemahlener schwarzer Pfeffer	
Zitronensaft	1 TL
Cognac	1–2 EL

mittel

Honig-Thymian-Jus

»Eine Jus ist ein konzentrierter Bratensaft«, könnte man auch profan zu diesem kulinarischen Aphrodisiakum sagen. Aber sie ist mehr, sie ist Endstation himmlischen Lebens, sie ist der Rolls-Royce unter den Saucen. Bei allen großen Anlässen wie Geburtstagen, Hochzeiten, Lottogewinnen und Grande-Prix-Siegen ist sie in Verbindung mit Kartoffeln, Reis, Pasta, Gnocchi und Knödeln eine betörend elegante Begleiterin.

Zubereitung

1 Zwiebeln schälen, Fenchel, Lauch, Sellerie, Möhren und Petersilienwurzeln putzen und waschen. Das Gemüse in Würfel mit 2 cm Kantenlänge schneiden. Öl in einem großen Topf erhitzen, Gemüse dazugeben und bei großer Hitze unter häufigem Rühren braun braten. Knoblauch schälen und klein schneiden. Chilischote waschen, Kerne und weiße Innenhäute entfernen und die Schote fein hacken.

2 Tomatenmark hinzufügen und 5–8 Minuten unter häufigem Rühren mitbraten. Mit Rotwein und Sherry oder Portwein ablöschen.

3 Gemüsefond, Knoblauch, Lorbeerblätter, Wacholderbeeren, Honig und Chili dazugeben. Zum Kochen bringen und bei stärkster Hitze 2–4 Stunden reduzieren. Basilikum, Rosmarin und Thymian waschen und fein hacken. Hinzugeben, wenn die Jus beginnt anzudicken. Auf ca. 1–1,5 l reduzieren. Danach durch ein Sieb geben und mit Salz, Pfeffer und Honig abschmecken.

CA. 20 PORTIONEN	
Zwiebeln	250 g
Fenchel	100 g
Lauch	100 g
Sellerie	100 g
Möhren	250 g
Petersilienwurzeln	100 g
Sonnenblumenöl	100 ml
Tomatenmark	400 g
Rotwein	1 l
Sherry Cream oder	
Portwein	750 ml
Gemüsefond	6 l
Knoblauchknolle	1
Lorbeerblätter	2
Wacholderbeeren	20
Honig	200 g
Chilischote	1
Basilikum	1 Bund
Rosmarin	1 Bund
Thymian	1 Bund
Salz	
frisch gemahlener	
schwarzer Pfeffer	

Information: Cremiger wird die Jus, wenn Sie zum Schluss noch Sahne unterrühren.
Die Jus kann mindestens zwei Wochen im Kühlschrank gelagert werden und eignet sich hervorragend zum Einfrieren.

🕐

lang

Kartoffelpüree

Ganz wichtig für ein gutes Kartoffelpüree ist, dass mehlige Kartoffel verwendet werden.
Mit festkochenden oder vorwiegend festkochenden Kartoffeln wird das Püree glitschig.

Zubereitung

1 Kartoffeln waschen, schälen und in einem Topf in reichlich Salzwasser
ca. 20 Minuten weich kochen. Wasser abgießen, ca. 160 ml Kochwasser
zurückbehalten.

2 Kartoffeln abdampfen und durch eine Kartoffelpresse drücken oder mit
einem Stampfer zu Brei stampfen. Sahne, Butter, zurückbehaltenes Kochwasser und Muskat unterrühren. Ist das Püree zu fest, noch etwas Sahne
unterrühren. Mit Salz und Muskatnuss abschmecken.

4 PORTIONEN

mehlig kochende	
Kartoffeln	800 g
Salz	
Sahne	100 g
Butter	40 g
frisch geriebene	
Muskatnuss	2 Msp.

schnell

Information: Die Leidenschaft Italiens bekommt das Püree mit gehackten
Oliven, Olivenöl, Basilikum, getrockneten Tomaten oder Pesto. Mit gehackten
Kräutern, z. B. Petersilie, Schnittlauch, und Schmand wird es sommerlich frisch.
»Knorke« wie der Berliner sagt, schmeckt das Püree mit Röstzwiebeln. Mit
Kokosmilch statt Sahne und dazu etwas gehackter Chilischote und frischem
Koriander wird aus »Made in Germany« ein »Shining India«. Rucola mit dem
Püree verrührt ist einfach umwerfend. It makes you go woooh! Wenn es mit
frisch geriebenem Meerrettich und etwas grobem Senf auf den Tisch kommt,
sagt meine Mutter immer: »Das hat Pfiff.« Gehackte Erdnüsse, Walnüsse oder
Pinienkerne, mit etwas Salz in einer Pfanne leicht geröstet, geben dem Püree
einen kernigen Biss. Bunt und lecker wird es mit Roter Bete, Sellerie, Kürbis,
Brokkoli, Spinat, Erbsen oder Tomaten. Dann das Kartoffelpüree mit weniger
Milch zubereiten und die Kartoffeln durch die entsprechende Menge Gemüse
ersetzen. Das gegarte Gemüse am besten mit dem Pürierstab zerkleinern und
unter die zerdrückten Kartoffeln rühren.

Gratins

Gratins sind immer schnell gemacht, besonders wenn Sie rohes Gemüse verwenden. Nehmen Sie im Sommer frische, im Winter getrocknete Gartenkräuter und bestreuen Sie das Gratin mit etwas Parmesan, Emmentaler, Schafs- oder Ziegenkäse. Gratins sind aber auch ohne Käse einfach köstlich. Im Backofen oder unter einem Grill kurz backen bis das Gemüse gar ist oder eine braune Kruste bekommt – fertig! Bon Appetit.

Zubereitung Katoffelgratin

1 Backofen auf 200 °C vorheizen.

2 Kartoffeln waschen und in Scheiben schneiden. Die rohen Scheiben in eine mit 1 TL geölte Auflaufform, auf ein Pizza- oder Backblech auffächern.

3 Mit Salz und Pfeffer würzen.

4 Im Ofen bei 200 °C backen, bis die Kartoffeln zu bräunen beginnen. Mit Salz, Pfeffer und frischen Kräutern abschmecken. Mit 1 EL Olivenöl beträufeln.

Zubereitung Möhrengratin mit Ziegenfrischkäse und Lavendel

1 Backofen auf 200 °C vorheizen.

2 Möhren waschen und in Scheiben schneiden. Größere Exemplare evtl. blanchieren. Die Scheiben in eine mit 1 TL geölte Auflaufform, auf ein Pizza- oder Backblech auffächern.

3 Mit Salz und Pfeffer würzen und mit ein paar Spritzern Zitronensaft (das hebt den Geschmack) beträufeln. Zerbröselten Ziegenfrischkäse darüber verteilen.

4 Im Ofen bei 200 °C backen, bis der Ziegenkäse zu bräunen beginnt. Mit Salz, Pfeffer und Lavendelblüten und -blättern abschmecken. Mit 1 EL Olivenöl beträufeln.

1 PORTION

Kartoffeln oder Gemüse	200 g
Parmesan, Emmentaler, Schafs- oder Ziegenkäse	25 g
Olivenöl für die Form/ das Blech und zum Beträufeln	
Salz	
frisch gemahlener schwarzer Pfeffer	
Thymian, Rosmarin, Petersilie, Lavendel oder andere Kräuter	
Zitronensaft zum Beträufeln	
Olivenöl zum Beträufeln	
Oliven	4–5
Weitere Zutaten nach Belieben	

schnell

Zubereitung Rote-Bete-Gratin

Backofen auf 200 °C vorheizen.

Rote Bete waschen und in Salzwasser 30–60 Minuten kochen.
Die heiße Schale unter kaltem Wasser abwaschen. Oder die Rote Bete
roh und ungeschält in dünne Scheiben schneiden.

Die Scheiben in eine mit 1 TL geölte Auflaufform, auf ein Pizza- oder Backblech auffächern.

Mit Salz und Pfeffer würzen und mit ein paar Spritzern Zitronensaft
beträufeln. Schafskäse darüber zerbröseln.

Im Ofen bei 200 °C backen, bis der Schafskäse zu bräunen beginnt.
Mit Salz, Pfeffer und frischen Kräutern abschmecken. Mit 1 EL Olivenöl
beträufeln.

Zubereitung Zucchinigratin mit Schafskäse und Oliven

Backofen auf 200 °C vorheizen.

Zucchini waschen und in Scheiben schneiden. Die rohen Scheiben in
eine mit 1 TL geölte Auflaufform, auf ein Pizza- oder Backblech auffächern.

Mit Salz und Pfeffer würzen und mit einigen Spritzern Zitronensaft
beträufeln. Zerbröselten Schafskäse und 4–5 Oliven darüber verteilen.

Im Ofen bei 200 °C backen, bis der Schafskäse zu bräunen beginnt.
Mit Salz, Pfeffer, frischen Kräutern abschmecken. Mit 1 EL Olivenöl beträufeln.

Information: Gratins sollten immer frisch zubereitet und frisch aus dem Ofen
gegessen werden.
Vorbereitet, verlieren sie schnell ihren frischen, zarten Geschmack.

Piroggen

In Polen werden Piroggen süß oder herzhaft zubereitet und als Vorspeise, Hauptgericht oder Dessert gereicht.

Zubereitung

__1__ Für den Teig Weizenmehl, Kamutmehl, ½ TL Salz, Ei, Olivenöl und 80 ml Wasser in einer Schüssel geschmeidig kneten. Der Teig sollte glänzen, eine weiche Konsistenz haben und nicht kleben. Klebt er zu stark, noch etwas Mehl unterkneten. Dann den Teig zu einer Kugel formen, in Frischhaltefolie wickeln und bei Zimmertemperatur 30 Minuten ruhen lassen.

__2__ Für die Füllung Kartoffeln waschen, ungeschält in einem Topf in Salzwasser kochen, abkühlen lassen und die Schale abziehen. Die geschälten Kartoffeln sollten ein Gewicht von ca. 700 g haben.

__3__ Zwiebeln schälen, fein hacken und im Olivenöl in einer Pfanne goldbraun rösten. Abkühlen lassen.

__4__ Kartoffeln durch eine Kartoffelpresse drücken und mit Zwiebeln, zerbröseltem Feta, 2 TL Salz und Pfeffer vermengen und beiseitestellen.

__5__ Den Teig in 2 Teile teilen. Auf einer leicht bemehlten Arbeitsfläche mit einem Nudelholz zu einem Rechteck mit 40 cm x 20 cm Kantenlänge ausrollen.

__6__ Mit einem Ausstecher oder einem Wasserglas (ca. 7 cm Durchmesser) Formen ausstechen. Je ca. 10 g (1 EL) Füllung in die Mitte der Teigstücke setzen und halbmondförmig übereinanderklappen. Die Ränder vorsichtig zusammendrücken, mit einer Gabel nochmals festdrücken.

__7__ Die Teigtaschen portionsweise in einem weiten Topf mit reichlich siedendem Salzwasser ca. 5 Minuten ziehen lassen. Sie müssen locker darin schwimmen können. Mit einer Schaumkelle herausheben, gut abtropfen lassen und servieren.

8–10 PORTIONEN
ALS HAUPTSPEISE

Für den Teig

Vollkorn-Weizenmehl	ca. 100 g
Kamutmehl	100 g
Salz	
Ei	1 (Größe M)
Olivenöl	2 EL (20 ml)

Für die Füllung

mehlig kochende Kartoffeln	800 g
Salz	
Zwiebeln	2 (100 g)
Olivenöl	80 ml
Feta	100 g
frisch gemahlener schwarzer Pfeffer	½ TL

mittel

Information. Piroggen lassen sich gut vorbereiten. Wenn sie serviert werden sollen, einfach mit etwas Öl beträufeln, damit sie nicht zusammenkleben, und in einer luftdichten Box im Kühlschrank aufbewahren.

Tomatensauce Basic

Es gibt nicht nur eine Tomatensauce, es gibt Tausende. Die beste ist keineswegs immer die mit Leidenschaft stundenlang vor sich hinköchelnde. Madonna, vergib mir. Fruchtig frisch aus roten, grünen, braunen oder gelben aromatischen Sommertomaten und mit viel Olivenöl punktet dieser Quickie zu Pasta, Gnocchi oder allem anderen, das einen Klacks Sauce verträgt.

Zubereitung

1 Zwiebeln schälen und fein würfeln. In Olivenöl in einem Topf glasig dunsten. Frische Tomaten waschen und würfeln. Frische Tomaten oder Dosentomaten mit Salz, Pfeffer oder Chilipulver und Lorbeerblatt zu den Zwiebeln geben.

2 Bei geringer Hitze 2 Minuten köcheln. Dann mit frischen Kräutern abschmecken.

4 PORTIONEN

Zwiebeln	1½ (80 g)
Olivenöl	100 ml
frische Tomaten	
oder stückige Tomaten	
aus der Dose	400 g
Salz	1 geh. TL
frisch gemahlener	
schwarzer Pfeffer	
oder Chilipulver	2 Msp.
Lorbeerblatt	1
Basilikum, Thymian,	
Majoran oder Oregano	

schnell

Information: Nur aromatische Zutaten bringen diese Primadonna zum Strahlen. Falls Sie keine aromatischen Tomaten bekommen, weil sie keine Saison haben, verwenden Sie Dosentomaten.

Rohe Tomatensauce

Lange stand sie im Schatten ihrer erfolgreichen Schwester mit Namen »gekochte Tomatensauce«. Dabei ist sie im Sommer ein echter Hit: kühl, fruchtig, cremig und natürlich tomatig. Und sie kann nahezu alles, was ihre heiße Schwester auch kann. Sie ist die beste Freundin für Salate, Pasta, Gnocchi, Polenta oder Kurzgebratenes.

Zubereitung

1 Tomaten waschen, etwas klein schneiden und mit Salz und Pfeffer im Blender oder mit dem Pürierstab fein pürieren. Zum Schluss das Olivenöl dazugeben und nochmals kurz pürieren.

4 PORTIONEN

Tomaten	500 g
Salz	1 gestr. TL
frisch gemahlener schwarzer Pfeffer	2 Msp.
Olivenöl	100 ml

schnell

Information: Besonders wichtig bei diesem Rezept ist, dass Sie frische, aromatische Sommertomaten verwenden. Verfeinern Sie die Sauce nach Geschmack mit frischen Kräutern oder z. B. mit Orangenzesten.

Austernpilze mit Mandelpanade

Ein saftiges Pilzschnitzel, das seinen österreichischen Bruder aus Kalbfleisch um Längen an die Wand spielt. Selbst gestandene Mannsbilder konnte ich schon mit diesem Vegi-Schnitzel bezirzen. Verwenden Sie möglichst große Austernpilze, die kleinen tun es aber auch. Beim Kauf sollten Sie darauf achten, das sich die Pilze nicht durch falsche Lagerung mit Wasser vollgesogen haben oder aber sehr trocken sind. Frische ist hier das A und O. Sie werden ziemlich schnell herausfinden, welche Pilze frisch sind und welche Größe sich gut für diesen Leckerbissen eignet.

Zubereitung

1 Mehl in einen tiefen Teller geben. Eier in einem weiteren tiefen Teller gründlich verquirlen und mit Salz und Pfeffer kräftig würzen. Mandelblättchen und Semmelbrösel in einem dritten tiefen Teller miteinander vermengen.

2 Austernpilze putzen, aber nicht waschen und von beiden Seiten zuerst in Mehl, dann in der Eimasse und zum Schluss in der Mandel-Semmelbrosel-Panade wenden.

3 Butter und Olivenöl in eine Pfanne geben und die panierten Austernpilze bei mittlerer Hitze von beiden Seiten goldbraun braten.

4 PORTIONEN

Vollkorn-Weizenmehl	100 g
Eier	4
Salz	
frisch gemahlener schwarzer Pfeffer	
Mandelblättchen	120 g
Semmelbrösel	120 g
Austernpilze	400 g
Butter	80 g
Olivenöl	80 ml

mittel

Information: Am besten funktioniert das Panieren, wenn Sie zuerst alle Austernpilze in Mehl, dann im Ei und zuletzt in der Mandel-Semmelbrösel-Panade wenden. Geben Sie nicht die ganze Mandel-Semmelbrösel-Panade auf einmal in den Teller, sondern immer nur eine kleine Menge für 2–3 Pilze. Andernfalls verklebt die Eimasse die Panade zu sehr und es wird schwierig, diese Klumpen weiter zum Panieren zu verwenden.

Zucchiniblüten mit Walnussfarce

Zucchiniblüten sind immer ein hübscher Hingucker. Ich serviere sie als Vorspeise oder auch als Hauptgang mit Tomatensauce, Salbeibutter oder Sahnesauce.

Zubereitung

1 Gemüsefond mit Senf und Lorbeerblatt aufkochen. Dinkelschrot zügig unterrühren und so lange kochen, bis die Masse beginnt anzusetzen. Von der Platte nehmen und im geschlossenen Topf 2 Stunden quellen lassen.

2 Lorbeerblatt entfernen. Vollkornbrötchen 15–30 Minuten in Wasser einweichen und anschließend gut ausdrücken. Zwiebel schälen, fein hacken und in 2 EL Olivenöl glasig dünsten. Parmesan reiben, Walnüsse und Rosmarin fein hacken

3 Dinkelmasse, Brötchen, Zwiebel, Käse, Ei, Walnüsse und Rosmarin miteinander vermengen. Mit Salz und Pfeffer abschmecken.

4 Die Masse in 6–8 Portionen à 60–80 g aufteilen. Die Zucchiniblüten vorsichtig an zwei Seiten öffnen, den Stempel abknipsen und die Bluten mit der Füllung (Farce) füllen. Die Blüte um die Farce fackelförmig schließen.

5 Die gefüllten Blüten in einer Pfanne in 2 EL Olivenöl von beiden Seiten braten oder im Backofen auf einem geölten Blech goldbraun backen.

6–8 STÜCK

Gemüsefond	100 ml
Senf	½ TL
Lorbeerblatt	1
Dinkelschrot	50 g
Vollkornbrötchen	25 g
Zwiebel	½ (25 g)
Olivenöl	4 EL (50 ml)
Parmesan	10 g
Walnüsse	75 g
Rosmarin	2 Msp.
Ei	1
Salz	
frisch gemahlener schwarzer Pfeffer	
Zucchiniblüten	6–8

mittel

Information: Wenn noch Füllung übrig geblieben ist, formen Sie diese zu Bratlingen und braten sie in der Pfanne mit. Wenn Sie keine Getreidemühle Ihr Eigen nennen, dann kaufen Sie den Dinkel in einem Bioladen, der eine Getreidemühle besitzt, und lassen ihn dort zu Schrot mahlen. Weizenschrot ist ebenso gut.

Mangoldquiche

Eigentlich wäre die Zubereitung einer Quiche eine schnelle Sache, wenn nicht die lange Wartezeit bei der Mürbeteigherstellung wäre. Deshalb bereite ich immer gleich 3–4 Portionen zu und friere diese dann ein. Perfekt schmeckt ein frischer Salat dazu.

Zubereitung

1 Für den Mürbeteig Butter in kleine Stücke schneiden und für 2 Stunden in den Kühlschrank stellen.

2 Mehl und Salz miteinander vermengen. Mit einer Küchenmaschine oder mit den Fingern zusammen mit der Butter zu bröseliger Konsistenz vermischen. 50 ml eiskaltes Wasser dazugeben und zügig zu einem festen, marmorierten Teig verkneten.

3 Auf einer bemehlten Arbeitsfläche zu einem Rechteck ausrollen. In Frischhaltefolie gewickelt, mindestens 2 Stunden im Kühlschrank ruhen lassen. Anschließend den Backofen auf 200 °C vorheizen.

4 Den Teig auf einer bemehlten Arbeitsfläche auf 29 cm Durchmesser ausrollen. Eine Quiche- oder Springform auf den ausgerollten Teig drücken und den Teig in der Abdruckgröße ausschneiden. Die Form mit dem Teig auslegen, mit dem restlichen Teig einen 3–4 cm hohen Rand legen. Dazu den Innenrand der Springform mit etwas Wasser bepinseln und den Teig gut daran festdrücken. Den Teig in den Kühlschrank stellen, bis die Füllung fertig ist.

5 Für die Füllung Mangold waschen. Mangoldblätter und Stiele klein schneiden, in kochendem Salzwasser in einem Topf 1 Minute blanchieren und gut abtropfen lassen. Zwiebel schälen und fein hacken, in einem Topf in Olivenöl glasig dünsten und abkühlen lassen.

6 Eier, Sahne und gedünstete Zwiebeln in einer Schüssel gut miteinander verschlagen. Parmesan reiben und zusammen mit dem Mangold unterheben. Mit Salz, Pfeffer und Muskat abschmecken.

7 Die Masse auf den Teig geben und etwa 35 Minuten im Ofen backen.

MÜRBETEIG: 1 BACKFORM
MIT 26 CM DURCHMESSER _____

Für den Mürbeteig

kalte Butter	100 g
Vollkorn-Weizenmehl	200 g
Salz	½ TL

Für die Füllung

Mangold	300 g
Salz	
Zwiebel	1 (60 g)
Olivenöl	50 ml
Eier	3
Sahne	300 g
Parmesan	50 g
frisch gemahlener schwarzer Pfeffer	
frisch geriebene Muskatnuss	1 Msp.

🕐 —

mittel

Information: Für diese Quiche habe ich roten und gelben Mangold verwendet und sie mit ein paar schwarzen Oliven dekoriert.

Hollandaise

Hollandaise gehört zu den Grundsaucen in der klassischen französischen Küche. Sie ist ein Hit auf weißem und grünem Spargel, zu Blumenkohl, Roter Bete und allem anderen, das etwas cremigen Schmelz vertragen kann. Ja, sie ist sehr gehaltvoll und eine Kalorienbombe, also keine Sauce für jeden Tag, sondern die Praline für besondere Anlässe. Es gibt die üppige Sauce auch als Instantsauce mit Verdickungsmitteln, künstlichem Butteraroma und Farbstoffen zu kaufen. Klar, dass sie selbst gemacht um Längen köstlicher ist. Keine Angst vor dem Hantieren mit dem Wasserbad! Die Zubereitung ist kinderleicht, wenn man erst mal den Dreh raus hat.

Zubereitung

1 Butter in einem Topf schmelzen lassen. Sahne in einem zweiten Topf erhitzen. Eier trennen, das Eigelb in einen Schlagkessel oder einen kleinen Topf geben.

2 Einen großen Topf Wasser aufsetzen und zum Kochen bringen. Zitronensaft, 60–70 ml Wasser, Salz und Pfeffer zum Eigelb in den Schlagkessel oder den kleineren Topf geben, den man in das Wasserbad hängen kann, ohne dass er den Boden berührt oder Wasser hineinschwappen kann. Die Masse über dem Wasserbad mit einem Schneebesen aufschlagen.

3 Wenn die Masse dick zu werden beginnt, die geschmolzene Butter esslöffelweise unter die Eigelbmasse schlagen. Immer erst vollständig unterrühren, bevor die nächste Butterportion untergehoben wird. Die Buttermenge langsam erhöhen. Wenn die Masse zu dick wird, etwas Sahne unterziehen.

4 Zum Schluss die restliche Sahne unterschlagen.

4–6 PORTIONEN	
Butter	250 g
Sahne	125 g
Eier	7
Zitronensaft	60–70 ml
Salz	1 TL
frisch gemahlener	
schwarzer Pfeffer	2 Msp.

schnell

Gemüsefond

Ich sammle Gemüsereste in einer separaten Box im Kühlschrank oder im Gefrier-
schrank. Wenn sich genügend Reste angesammelt haben, koche ich davon Gemüsefond. Besonders gut eignen sich dafür die Reste und Schalen von Möhren, Lauch,
Fenchel, Sellerie, Petersilienwurzel, Tomaten und Pilzen sowie die Stängel von Petersilie
und Basilikum. Alle Kohlsorten sowie Pflanzen und Kräuter mit starkem Anisgeschmack
nur eingeschränkt verwenden, denn diese dominieren den Geschmack zu sehr.
Wenn keine Gemüsereste im Haus sind, bereite ich den Fond aus frischen Zutaten zu.
Das gekochte Gemüse hinterher wegzuwerfen ist zu schade. Mit ein paar gekochten
Kartoffeln püriere ich es noch zu einer schmackhaften Suppe.

Zubereitung

1 Möhren, Lauch, Fenchel, Sellerie, Petersilienwurzel und Tomaten waschen,
putzen und in kleine Stücke schneiden. Zwiebeln mit Schale vierteln.
Champignons putzen und in Scheiben schneiden.

2 Alle Zutaten zusammen in 4 l kaltem Wasser in einem großen Topf zum
Kochen bringen und bei geringster Hitze ca. 15 Minuten köcheln lassen.
Abkühlen lassen und durch ein Sieb abgießen.

Information: Gemüsefond sollte immer mild gewürzt sein, damit er bei
der Weiterverwendung in Suppen, Saucen usw. geschmacklich nicht im
Vordergrund steht. Sie können den Gemüsefond durch langes Kochen zu
einem Konzentrat reduzieren, dieses Konzentrat dann in Eiswürfelbehälter
gefüllt einfrieren und bei Bedarf zum Würzen von Saucen und Suppen
portionsweise verwenden.

3 LITER

Möhren	400 g
Lauch	200 g
Fenchel	100 g
Knollensellerie	100 g
Petersilienwurzel	100 g
Tomaten	100 g
Zwiebeln	2 (100 g)
Champignons	100 g
Liebstöckel oder	10 Blätter
getr. Liebstöckel	1 TL
schwarze Pfefferkörner	20
Petersilie	1 Bund
Lorbeerblätter	2
Pimentkörner	5
Salz	2 geh. TL
Bockshornklee	1 geh. EL
frisch geriebene Muskatnuss	½

mittel

DESSERTS

Birnenstrudel

Eigentlich sollte der Strudelteig so dünn ausgerollt werden, dass man eine Zeitung hindurch lesen kann. Mit Vollkornteig ist das nicht möglich. Der hohe Schalenanteil des Vollkornmehls lässt den Teig schneller reißen, er muss deshalb etwas dicker sein. Dafür schmeckt der Teig nussiger.

Zubereitung

1 Für die Füllung Birnen waschen und klein schneiden (Schale und Kerngehäuse mit verwenden). Mit Mandeln oder Haselnüssen, Rosinen, Mehl, Zimt, abgeriebener Zitronenschale und Honig in einer Schüssel vermengen.

2 Für den Teig Mehl mit 160 ml Wasser, Salz und 3 EL Olivenöl oder Butter zu einem geschmeidigen Teig kneten. Mit einem Küchentuch abdecken und 30 Minuten ruhen lassen.

3 Backofen auf 200 °C vorheizen. Den Teig auf einer bemehlten Arbeitsfläche zu einem Rechteck mit ca. 36 cm x 38 cm Kantenlänge ausrollen. Auf ein Küchentuch heben und an den Rändern ca. 2 cm breit mit Wasser bepinseln. Den restlichen Teig mit 4 EL flüssiger Butter oder Olivenöl bepinseln. Die Birnenfüllung darauf verteilen.

4 Den Strudel mithilfe des Küchentuchs zusammenrollen. Die Enden festdrücken.

5 Backblech einölen und den Strudel mithilfe des Küchentuchs auf das Backblech rollen. Mit Öl oder flüssiger Butter bestreichen und ca. 30 Minuten backen.

6 Den warmen Strudel mit flüssigem Honig bestreichen und mit Kokosflocken bestreuen.

CA. 15 PORTIONEN

Für die Füllung

nicht zu weiche Birnen	700 g
gehackte Mandeln oder Haselnüsse	100 g
Rosinen	100 g
Vollkorn-Weizenmehl	1 geh. EL
Zimt	½ TL
abgeriebene Schale von unbehandelter Zitrone	1
Akazienhonig	100 g

Für den Teig

Vollkorn-Weizenmehl	300 g
Salz	
Butter oder Olivenöl	3 EL
flüssiger Honig	50 g
Kokosflocken	50 g

lang

Information: Die besten Freunde vom Birnenstrudel sind immer noch eine Portion Schlagsahne, Eiscreme oder Vanillesauce. Der Strudel kann gut eingefroren werden.

Avocado-Schoko-Mousse auf Orangen-Plätzchen

In Deutschland werden Avocados in der Regel deftig zubereitet. Dabei sind sie auch eine wunderbare Grundlage für süße Speisen. Überraschen Sie mal Ihre Freunde mit diesem Hit aus der Rohkostküche. Sie werden staunen, wie cremig-schokoladig Madame in diesem Look das Buffet betritt. Schmeckt lecker zu Obst, Gebäck und auch als Brotaufstrich.

Zubereitung

1 Butter mit einem Handrührgerät in einer Schüssel cremig aufschlagen. Honig unterheben. Orangen abwaschen und Schale abreiben. Mit der Butter-Honig-Masse, den Kokosflocken, Salz, Vanille und Mehl zu einem Teig verarbeiten.

2 Den Teig 2 cm dick ausrollen und in Frischhaltefolie gewickelt 30–60 Minuten in den Kühlschrank legen.

3 Backofen auf 175 °C vorheizen. Den Teig ca. ½ cm dick auf einer bemehlten Arbeitsfläche ausrollen. Plätzchen ausstechen und auf ein Backblech setzen. 10–15 Minuten im Ofen backen. Plätzchen auf dem Blech auskühlen lassen.

4 Für die Mousse alle Zutaten in der Küchenmaschine oder mit einem Purierstab fein purieren. Die Mousse in einen spritzbeutel Füllen und auf die Plätzchen spritzen.

Information: Mit flüssigem Honig wird die Mousse nicht so fest. Eine geringere Bananenmenge sorgt dann für mehr Festigkeit. Variieren lässt sich die Mousse mit Orangenzesten, Vanille, Zimt, Kardamom, Chili usw. Lecker schmeckt sie auch auch als Aufstrich mit Brot oder Brötchen.

PLÄTZCHEN: CA. 50 À 4 CM Ø ODER 25 À 6 CM Ø

MOUSSE: 5–6 PORTIONEN

Für die Plätzchen

Butter	100 g
Honig	100 g
unbehandelte Orange	1
Kokosflocken	2 geh. EL
Salz	1 Prise
Vanille	1 Msp.
Kamutmehl	200 g

Für die Mousse

Avocados (geschält und entkernt gewogen)	300 g
Banane	100 g
fester Akazienhonig	100 g
Kakaopulver	40 g

mittel

Bratäpfel mit Vanillesauce

Mein Lieblingsdessert im Winter. Wenn die Füllung vorbereitet ist, ist der Bratapfel schon fast fertig. Vanillesauce muss nicht immer sein. Als Füllung eignet sich auch eine selbst gemachte Marmelade – oder versuchen Sie es mal mit einer Cashew-Dattel-Creme.

Zubereitung

1 Backofen auf 175 °C vorheizen. Marzipan, Rosinen und Orangeat in einer Schüssel miteinander vermengen. Die Äpfel waschen und die Kerngehäuse mit einem Ausstecher oder einem kleinen Messer ausschneiden.

2 Jeden Apfel mit ca. 25 g Füllung (ca. 1 geh. EL) füllen.

3 Äpfel in eine geölte Back- oder Auflaufform setzen und 25–40 Minuten im Ofen backen.

4 Für die Vanillesauce alle Zutaten mit 250 ml Wasser in einem kleinen Topf vermengen und langsam unter ständigem Rühren aufkochen.

8 BRATÄPFEL

Für die Bratäpfel

Honigmarzipan	150 g
(siehe Rezept Marzipan-	
kartoffeln; ohne Kakaopulver)	
Rosinen	30 g
gewürfeltes Orangeat	30 g
mittelgroße Äpfel	8
Öl für die Form	

Für die Vanillesauce

Sahne	250 g
Akazienhonig	80 g
Reismehl	30 g
Vanille	2 Msp.
Kurkuma	1 Msp.

mittel

Information: Normalerweise wird Orangeat aus Bitterorangen (Pomeranzen) hergestellt. Der Zuckeranteil liegt bei mindestens 65 % und meistens wird noch E 330 (Zitronensäure) dazugegeben. Das ist mir zu ungesund, deshalb stelle ich es selbst her. Das Problem dabei ist, dass man Pomeranzen nur selten bekommt.

Deswegen verwende ich normale Bio-Orangen. Zitronat stelle ich aus Zitronen-schalen auf dieselbe Weise her. Mein Orangeat habe ich vor einem Jahr ange-setzt und es wird immer besser. Und so stellt man es her: Die Schale von Orangen mit der weißen Haut in kleine Stücke (Brunoise) schneiden und in Akazienhonig einlegen. Die Orangenstücke sollten vom Honig bedeckt sein. In einem Schraubdeckelglas im Kühlschrank lagern.

Marzipankartoffeln

Marzipanherstellung ist wirklich supereinfach. Ein gutes Mixgerät erleichtert die Herstellung sehr. Konventionelles Marzipan wird mit viel Zucker zubereitet, in diesem Rezept wird stattdessen Honig verwendet. Ich nehme es u. a. zum Füllen von Bratäpfeln, als Tortendekoration und zur Herstellung von Marzipankartoffeln.

Zubereitung

1 Mandeln und Bittermandeln in einer Schüssel mit kochendem Wasser begießen und 10 Minuten stehen lassen. Herausnehmen und die Schalen abziehen. Mandeln mit einem Geschirrhandtuch trocknen und in einem Mixer fein mahlen.

2 Honig und Rosenwasser dazugeben und alles gut miteinander vermengen. Kleine Kugeln à ca. 15 g formen und in Kakaopulver wälzen.

13 STÜCK À 15 G

Mandeln	125 g
Bittermandeln	20 g
fester Akazienhonig	60 g
Rosenwasser	1 EL
Kakaopulver	1 EL

mittel

Information: Falls Sie keinen festen Akazienhonig bekommen, verwenden Sie eine andere Sorte mit wenig Eigengeschmack. Oder entscheiden Sie sich bewusst für eine aromatische Sorte, z. B. Lindenblüte, um den Marzipankartoffeln eine besondere Note zu geben.

Hirseflammeri mit Holunder-Apfel-Kompott

Hier und da im Park oder auf Brachland warten die Holunderbeeren im Spätsommer darauf, geerntet zu werden. Das Apfelkompott für dieses Dessert variiere ich nach Lust und Laune: Bei der frischen, knackigen Variation drehe ich mit einem Kugelausstecher kleine Apfelkügelchen aus einem festen, süßen Apfel und vermenge sie à la minute mit den abgekühlten Holunderkompott.

Zubereitung

1 Hirse im Sieb kurz mit kaltem Wasser abspülen und gut abtropfen lassen. In einem offenen Topf mit 300 ml Wasser, Butter oder Olivenöl und einer Prise Salz zum Kochen bringen. Deckel auf den Topf setzen und bei kleiner Hitze 10 Minuten köcheln lassen, nicht umrühren.

2 Den geschlossenen Topf von der Platte nehmen und die Hirse 30 Minuten ziehen lassen. Während dieser Zeit Topf nicht öffnen und die Hirse nicht umrühren.

3 Sahne, 200 ml Wasser und Reismehl miteinander verrühren und mit der Hirse mischen. Honig und abgeriebene Zitronenschale dazugeben und aufkochen.

4 Für das Holunderkompott Holunderbeeren, 60 g Honig und 5 g Reismehl in einem Topf miteinander vermengen und einmal aufkochen.

5 Für das Apfelkompott Äpfel waschen, vierteln, die Kerngehäuse entfernen und das Fruchtfleisch in Spalten schneiden. Mit 150 ml Wasser, 20 g Honig, Nelke und Zimtstange in einem Topf aufkochen und ca.1 Minute köcheln lassen. Evtl. mit 1 geh. TL Reismehl andicken. Mit Honig und Zitronensaft abschmecken und nach Belieben mit dem Holunderkompott mischen. Heiß oder kalt zum Flammeri servieren.

6 PORTIONEN

Für den Hirseflammeri

Hirse	200 g
Butter oder Olivenöl	2 EL
Salz	1 Prise
Sahne	200 g
Reismehl	4 geh. TL (28 g)
Akazienhonig	160 g
etwas abgeriebene Schale einer unbehandelten Zitrone	

Für das Holunder-Apfel-Kompott

Holunderbeeren	200 g
Akazienhonig	80 g
Reismehl	1 TL
Äpfel	150 g
Nelke	1
Zimtstange	½
Reismehl	1 geh. TL
etwas Zitronensaft	

schnell

Italienischer Obstkuchen

Für all die, die keine Eier oder Milchprodukte vertragen oder essen wollen, ist dieser Kuchen eine leckere Alternative zum konventionellen Kuchenprogramm. Das heißt nicht, dass es sich hier um so ein sprödes, spaßfeindliches Ersatzprodukt handelt. Dieser Kuchen steht seinen Mann auf jedem opulenten Kaffeeklatschtisch!

Zubereitung

1 Backofen auf 175–200 °C vorheizen. Nüsse oder Mandeln fein hacken. Mit Mehl, Backpulver, Salz, Zimt, Vanille und Rosinen in einer Schüssel gut verrühren.

2 Obst waschen und ungeschält in Würfel mit ca ½ cm Kantenlänge schneiden. Zusammen mit Olivenöl, Honig, 100 ml Wasser und abgeriebener Zitronenschale unterrühren. Der Teig sollte schwer vom Löffel fallen.

3 Mini-Backform (z. B. Muffinformen) mit je ca. 70 g Teig füllen (entspricht 8–9 Portionen).

4 Oder den gesamten Teig in eine kleine Backform (ca. 20 x 25 cm) bzw. eine Springform (18 cm Durchmesser) füllen. Kleine Förmchen 20–25 Minuten, große 30–35 Minuten backen.

8–9 MUFFINS ODER TÖRTCHEN ODER EIN KLEINER KUCHEN ____

Walnüsse, Mandeln oder Haselnüsse	50 g
Vollkorn-Dinkelmehl	200 g
Backpulver	1 geh. TL
Salz	1 Prise
Zimt	1 Msp.
Vanille	1 Msp.
Rosinen	50 g
Obst, z. B. Äpfel, Birnen oder Pfirsiche	100 g
Olivenöl	60 ml
flüssiger Akazienhonig	120 g
abgeriebene Schale einer unbehandelten Zitrone	1 TL

mittel

Information: Das Olivenöl verliert durch das Backen seinen dominanten Geschmack.

Himbeer-Marzipan-Torte

Als Hoflieferant liefere ich vollwertige Hochzeitstorten an das Brautmodengeschäft von Anne Wolf in Berlin. Im Vorfeld gibt es oft skeptische Nachfragen, ob denn eine mit Vollkornmehl gebackene Torte auch fein genug für den großen Anlass sei, denn der Ruf von Vollkorngebäck ist leider nicht immer der beste. Den Beweis, dass alle Befürchtungen umsonst sind, erbringen die Brautleute selbst: Sie bestellen nach der Hochzeit diese Torte noch oft bei mir, um sich an den schönsten Tag in ihrem Leben zu erinnern.

Zubereitung

1 Zuerst, am besten am Vortag, das Himbeermarzipan herstellen. Dafür Mandeln und Bittermandeln in einer Schüssel mit kochendem Wasser übergießen und 10 Minuten einweichen. Herausnehmen, die Haut abziehen, die Mandeln mit einem Küchentuch abtrocknen und in einem Mixer fein mahlen.

2 Die fein gemahlenen Mandeln in einer Schüssel mit Honig, Himbeermark oder Rote-Bete-Püree und Rosenwasser vermengen. Mindestens 2 Stunden, besser aber 24 Stunden im Kühlschrank lagern.

3 Für den Biskuitboden Backofen auf 180 °C vorheizen. Mehl, Backpulver und Salz vermengen. Ei, Honig und Vanillepulver mit der Küchenmaschine 10 Minuten cremig aufschlagen und die Mehlmischung mit einem Gummischaber vorsichtig in 2 Schritten unter die Eimasse heben.

4 Die Masse in eine mit Backpapier ausgelegte Springform (18 cm Durchmesser) füllen und im Ofen bei 180 °C ca. 20 Minuten backen. Abkühlen lassen und das Backpapier abziehen.

5 In der Zwischenzeit für den Schokoladen-Mürbeteigboden Mehl, Mandeln, Backpulver, Salz, Zimt und Kakaopulver miteinander verrühren. Die eiskalte Butter in Stückchen darüberschneiden und mit dem Honig zügig zu einem glatten Teig verkneten.

6 Den Teig zu einer Kugel mit handflächengroßem Durchmesser formen und ca. 1 Stunde im Kühlschrank ruhen lassen.

EINE TORTE MIT

18 CM DURCHMESSER _____

Für das Himbeermarzipan

Mandeln	125 g
Bittermandeln	20 g
Akazienhonig	60 g
Himbeermark	1 geh. TL
(ohne Kerne) oder	
Rote-Bete-Püree	
Rosenwasser	1 EL

Für den Biskuitboden

Vollkorn-Weizenmehl	50 g
Backpulver	1 gestr. TL
Prise Salz	1 Prise
Ei	1 (Größe L)
Akazienhonig	50 g
Vanillepulver	1 Msp.

Für den Schokoladen-Mürbeteigboden

Vollkorn-Dinkelmehl	35 g
gemahlene Mandeln	25 g
Weinsteinbackpulver	¼ TL
Salz	1 Prise
Zimt	1 Msp.

7 Währenddessen das Himbeermark zubereiten. Dafür die Himbeeren in einem Topf mit 50 ml Wasser aufkochen und 1 Minute bei geringer Hitze köcheln lassen. Anschließend durch ein Sieb passieren.

8 Das Reismehl einrühren und aufkochen lassen. Anschließend abkühlen lassen und zuletzt den Honig unterrühren.

9 Backofen auf 180 °C vorheizen. Den Schokoladen-Mürbeteig zwischen 2 Stück Pergament- oder Backpapier auf 16 cm Durchmesser ausrollen. In eine Springform legen und nochmals 1 Stunde im Kühlschrank kalt stellen. Dann bei 180 °C ca. 10–15 Minuten backen und abkühlen lassen.

10 Nun den Schokoladen-Mürbeteigboden mit 1 geh. EL Himbeermark bestreichen.

11 Den Biskuit längs durchschneiden und mit der Schnittfläche nach oben auf den Mürbeteig setzen. Mit 1 geh. EL Himbeermark bestreichen.

12 Sahne steif schlagen und 120 g gleichmäßig darüber verteilen. Die andere Biskuithälfte auf der Schnittfläche ebenfalls mit 1 geh. EL Himmbeermark bestreichen, mit der bestrichenen Seite auf die Sahne legen und etwas andrücken, bis sie am Rand herausquillt.

13 Den Rand und die Oberfläche der Torte mit der herausgequollenen Sahne bestreichen. Am besten eignet sich hierfür ein Messer mit breiter Klinge oder ein Schlesinger (Spachtel).

14 Das Marzipan auf einer mit Reismehl bestäubten Arbeitsfläche zu einer runden Platte mit ca. 23 cm Durchmesser ausrollen. Den Marzipanmantel über die Torte legen und andrücken.

15 Den Tortenrand mit etwas Honig bestreichen und mit Kokosflocken bestreuen. Mit der restlichen geschlagenen Sahne 12 Tupfer auf die Torte spritzen und auf jeden Tupfer eine frische Himbeere setzen.

Kakaopulver	1 geh. TL	
eiskalte Butter	25 g	
Akazienhonig	25 g	
(oder ein anderer		
milder Honig)		

Für das Himbeermark

Himbeeren (tiefgekühlt)	150 g
Reismehl	15 g
Akazienhonig	75 g

Außerdem

frische Himbeeren	12
Sahne	150 g
Reismehl	50 g
Kokosflocken	20 g
Mehl für die Arbeitsfläche	
Fett für die Form	

🕐

lang

Information: Die Torte kann gut eingefroren werden. Statt frischen Himbeeren können Sie auch kleine Marzipan-kugeln verwenden. Nehmen Sie dazu 20 g von der Marzipanmasse und formen Sie mit der Hand kleine Kugeln.

Crème Caramel

Viele meiner Kochschüler sind ganz überrascht, dass dieser Klassiker der französischen Küche auch mit Honig statt Zucker funktioniert. Wenn das Rezept im ersten Augenblick kompliziert auf Sie wirkt, werden Sie doch bei der Zubereitung feststellen, wie einfach und schnell die Herstellung ist. Einzig die lange Backzeit nimmt etwas mehr Zeit in Anspruch. Zeit zum Relaxen.

Zubereitung

1 Backofen auf 175 °C vorheizen. 40 g Honig in einem kleinen Topf bei mittlerer Hitze leicht bräunen (karamellisieren). Das erkennt man am besten in einem Topf mit hellem Boden. Zügig auf 4 Crème-Caramel-Förmchen oder Timbalen (feuerfeste Formen) verteilen und erkalten lassen.

2 Die restlichen Zutaten zusammen mit 125 ml Wasser gut in einer Schüssel verquirlen und über den fest gewordenen Karamell geben. Die Förmchen bis zum Rand damit füllen.

3 Die Förmchen in eine flache Auflaufform oder einen Bräter stellen. Wasser bis fingerbreit unter dem Rand der Förmchen einfüllen. Das Wasserbad mit den Förmchen auf der Platte einmal aufkochen. Die Creme im Wasserbad stehend im Backofen in 30–45 Minuten zum Stocken bringen. Das Wasser darf nicht mehr kochen, da die Creme sonst Blasen wirft und ihre cremige Konsistenz verliert.

4 Crème Caramel aus dem Wasserbad nehmen und abkühlen lassen. Die Creme mit einem scharfen, dünnen Messer vom Rand der Formen lösen und auf Teller stürzen. Evtl. mit leichtem Druck auf den Rand der Oberfläche beim Lösen aus den Förmchen nachhelfen.

---

4 PORTIONEN

Akazienhonig	80 g
Sahne	125 g
Eier	2
Vanille	1 Msp.

🕐 ——————————

mittel

Information: Crème Caramel kann gut einige Tage im Voraus zubereitet werden. Sie sollte kalt aus dem Kühlschrank serviert werden und ist immer ein leichter, leckerer Abschluss bei einem Festessen. Für die Geburtstagsvariante kann auch ausschließlich Sahne verwendet werden.

Reispudding mit Kumquat-Orangen-Kompott

Für Mamas, Papas, Kind und Kegel. Ein Evergreen unter den Hausmannskost-Desserts.

Zubereitung

1 Vanilleschote aufschlitzen und das Mark ausschaben. Den Reis unge-
waschen mit 500 ml Wasser, 100 g Sahne, der Hälfte des ausgeschabten
Vanillemarks und Salz in einem Topf zum Kochen bringen. Im geschlossenen
Topf 45 Minuten bei geringer Hitze köcheln, hin und wieder umrühren.

2 200 ml Wasser, 75 g Honig, 50 g Sahne und 50 g Reismehl miteinander in
einer Schüssel vermengen, unter den Reis rühren und einmal aufkochen.

3 Für das Kumquat-Orangen-Kompott die Orangen schälen und filetieren.
Den dabei anfallenden Orangensaft auffangen und die übrig bleibenden Trenn-
wände gut ausdrücken.

4 Kumquats waschen, vierteln und die Kerne entfernen. Die weißen Trenn-
wände nicht entfernen. Weißwein, Kumquats und 125 ml von dem aufge-
fangenen Orangensaft in einem Topf zum Kochen bringen.

5 Die andere Hälfte des ausgeschabten Vanillemarks dazugeben und
2 Minuten bei geringster Hitze köcheln lassen. Anschließend abkühlen lassen,
15 g Reismehl einrühren, nochmals aufkochen und abkühlen lassen. 100 g
Honig und Orangenfilets unterrühren.

REIS: 4 PORTIONEN

KOMPOTT: 10–15 PORTIONEN

ALS BEILAGE _____

Vanillestange	1
Vollkorn-Rundkornreis	100 g
Sahne	150 g
Salz	1 Prise
Akazienhonig	175 g
Reismehl	65 g
mittelgroße	
unbehandelte Orangen	6
Kumquats	250 g
Weißwein	125 ml

🕐 _____

mittel

_____

Information: Das Dessert lässt sich gut einige Tage im Kühlschrank
aufbewahren.

Erdnusskrokant-Parfait

Wenn der Eismann zweimal klingelt, dann gibt es Parfait. Parfait nennt man auch Halb-gefrorenes. Im Gegensatz zu Eiscreme wird es beim Gefrieren nicht gerührt, sondern stehend gefroren. Eine tolle Sache für alle, die keine Eismaschine haben und keinen Eismann, der zweimal klingelt.

Zubereitung

1 Eier, ausgekratztes Vanillemark, Salz und Akazienhonig mit einem Handrühr-gerät 10 Minuten dick-schaumig aufschlagen. Einen großen Topf Wasser auf-setzen und zum Kochen bringen. Die Masse in einen Schlagkessel oder einen kleineren Topf geben, den man in das Wasserbad hangen kann, ohne dass er den Boden berührt oder Wasser hineinschwappen kann.

2 Masse mit einem Spachtel öfter umrühren. Nach 5–10 Minuten den Schlagkessel in ein kaltes Wasserbad umsetzen. Mit dem Spachtel alle 2–3 Minuten vorsichtig rühren, bis die Masse kalt ist.

3 Sahne schlagen und in 2 Schritten unter die Eimasse ziehen.

4 Für das Erdnusskrokant Erdnüsse etwas klein hacken. Honig in einem kleinen Topf bei mittlerer Hitze leicht bräunen (karamellisieren). Das erkennt man am besten in einem Topf mit hellem Boden.

5 Erdnüsse hineingeben, gut verrühren und zum Auskühlen auf Backpapier gießen. Vorsichtig! Das Karamell ist sehr heiß und führt beim Berühren schnell zu Verbrennungen.

6 Krokant abkühlen lassen, zerbrechen und etwas klein hacken. Unter das Parfait heben, in eine Form oder mehrere kleine Förmchen füllen und 2–3 Stunden im Gefrierfach gefrieren lassen.

14 PORTIONEN

Eier	2
Vanilleschote	1
Salz	1 Prise
Akazienhonig	100 g
Sahne	500 g
Erdnüsse, mit oder	
ohne Salz	50 g
Akazienhonig	50 g

🕐

mittel

Information: Moin Fismann serviert dieses Parfait gerne mit Erdbeeren – und auf Sommerpartys liebend gern mit Erdbeer-Margarita. Damit das Krokant nicht weich wird, lagern Sie es in einem geschlossenen, luftdichten Gefäß.

Trauben-Nuss-Eiscreme mit Schokoladensauce

Für dieses Rezept benötigen Sie eine Eismaschine. Oder Sie machen statt der Eiscreme ein Parfait wie im Rezept Erdnusskrokant-Parfait beschrieben und verwenden statt Erdnüssen Haselnüsse und Rum-Rosinen.

Zubereitung

1 Rosinen am Vortag in einer kleinen Schüssel in Rum einweichen.

2 Haselnüsse oder Mandeln fein hacken, in einer Pfanne ohne Fett leicht rösten und abkühlen lassen. Vanilleschote aufschlitzen und das Mark herausschaben.

3 Eier, Honig, Vanillemark, Salz, Sahne und 125 ml Wasser verquirlen und in einem Topf langsam erhitzen. Mit einem Schneebesen häufig umrühren, aber nicht zum Kochen bringen, damit das Ei nicht gerinnt.

4 Sobald die Masse beginnt dicklich zu werden, von der Platte nehmen, den Topf in ein kaltes Wasserbad stellen und so lange rühren, bis die Masse erkaltet ist. Dann in die Eismaschine geben und cremig rühren.

5 Rum-Rosinen und Haselnüsse dazugeben und 1 Minute in der Eismaschine mitrühren.

6 Das Eis in eine große Form oder mehrere kleine Förmchen füllen und in den Eisschrank stellen.

7 Die Sahne für die Schokoladensauce mit dem Honig in einem Topf etwas erwärmen, das Kakaopulver mit einem Schneebesen unterrühren, kurz aufkochen und abkühlen lassen. Eis servieren, wenn es eine Temperatur von ca. −16 °C erreicht hat, und mit Schokoladensauce überziehen.

CA. 8–10 PORTIONEN

Für die Eiscreme

Rosinen	100 g
Rum	100 ml
Haselnüsse oder Mandeln	100 g
Vanilleschote	½
Eier	2
Honig	75 g
Salz	1 Prise
Sahne	375 g

Für die Schokoladensauce

Sahne	250 g
Akazienhonig	100 g
Kakaopulver	25 g

lang

Joghurteiscreme mit Mandarinensorbet

Selbst hergestellte Eiscremes und Sorbets sind immer besser als gekaufte. In der klassischen Küche werden Sorbets aus Fruchtsaft und Zucker hergestellt. Ich verwende statt Zucker Akazienhonig. Es ist kein Unterschied zu den Zucker-Sorbets zu schmecken und es wird genauso cremig.

Zubereitung

1 Für die Eiscreme 75 g Honig, Salz, Sahne und 65 ml Wasser in einem Topf miteinander verquirlen und langsam erhitzen. Mit einem Schneebesen häufig umrühren, aber nicht kochen, damit das Ei nicht gerinnt.

2 Wenn sie beginnt dicklich zu werden, die Masse von der Platte nehmen, den Topf in ein kaltes Wasserbad stellen und so lange rühren, bis die Masse erkaltet ist.

3 Joghurt und Zitronensaft unterrühren. Dann in die Eismaschine geben und cremig rühren.

4 Das Eis in eine große Form oder mehrere kleine Förmchen füllen und in den Eisschrank stellen.

5 Für das Mandarinensorbet Mandarinen auspressen und mit dem restlichen Honig (100 g) in der Eismaschine cremig rühren. Servieren, wenn Eiscreme und Sorbet eine Temperatur von ca. –16 °C erreicht haben. Je nach Geschmack mit geröstetem Sesam bestreuen.

Information: Wenn Sie den Geschmack des Mandarinensorbets noch intensivieren möchten, dann geben Sie noch fein geriebene Mandarinenschalen hinzu oder verwenden ein paar Tropfen Mandarinenöl (nur aus dem Bioladen).

CA. 5 PORTIONEN

Ei	1
flüssiger Akazienhonig	175 g
Salz	1 Prise
Sahne	180 g
Joghurt	150 g
Zitronensaft	2 EL
Mandarinen	ca. 1 kg
	(für 500 ml Saft)
Sesam zum Bestreuen	

🕐

mittel

Mord made in Handarbeit

Für mich gibt es im Winter, wenn es schneit, nichts Schöneres, als am warmen Kachel-
ofen zu sitzen und zu nähen. Das ist die beste Meditation. Dazu einen Knopfkeks und
etwas Weihnachtsschokoladen-Parfait.

Mädchen, die zum Nähen einen langen Faden statt einem kurzen verwendeten, wurden früher der Faulheit bezichtigt. »Langes Fädchen, faules Mädchen« hieß es dann, und
der Ruf war dahin. Deshalb warne ich, die Mutter der tödlichen Eiscremes, vor langen
Fäden, denn wie leicht verstrickt man sich darin und haucht frühzeitig sein Leben am
Nähtisch aus.

Zubereitung Knopfkekse

1 Backofen auf 180–200 °C vorheizen. Vanilleschote aufschlitzen und das
Mark herausschaben. Weiche Butter, Salz und Vanillemark mit einem Handrührgerät oder einer Küchenmaschine 10 Minuten schaumig schlagen. In den
letzten 2 Minuten den Honig dazugeben.

2 Walnüsse mittelfein hacken. Mit Mehl, Haferflocken, Zimt und Backpulver
vermengen und mit einem Kochlöffel unter die Butter heben.

3 Auf einem ungefetteten Backblech mit einem Löffel 30 g Portionen setzen
(je etwa 1 geh. TL) und mit feuchten Fingern zu runden Keksen mit einem
Durchmesser von ca. 7 cm drücken. Mit der Rückseite eines Bleistifts in die
Mitte jedes Kekses zwei Löcher wie Knopflöcher bohren.

4 Die Kekse 8 Minuten backen, kurz aus dem Ofen nehmen und die Löcher
mit dem Bleistift nochmals nachformen. Anschließend weitere 5–7 Minuten
backen. Plätzchen auf dem Backblech abkühlen lassen.

5 Jeweils etwas Weihnachts-Schokoladenparfait zwischen zwei Knopfkekse
geben, evtl. noch einen Klacks Sahne dazugeben.

KNOPFKEKSE
CA. 28 KEKSE

Vanilleschote	½
weiche Butter	125 g
Salz	1 Prise
fester Akazienhonig	125 g
oder anderer milder Honig	
Walnüsse	50 g
Vollkorn-Dinkel-	
oder -Weizenmehl	150 g
Haferflocken	100 g
Zimt	1 Msp.
Backpulver	1 geh. TL
Weihnachts-	
Schokoladen-Parfait	

schnell

Zubereitung Weihnachts-Schokoladenparfait

1 Vanilleschote aufschlitzen und das Mark auskratzen. Zusammen mit Ei, 1 Prise Salz und 50 g Akazienhonig mit einem Handrührgerät 10 Minuten dick-schaumig aufschlagen.

2 Einen großen Topf mit Wasser aufsetzen und zum Kochen bringen. Die Masse in einen Schlagkessel oder einen kleineren Topf geben, den man in das Wasserbad hängen kann, ohne dass er den Boden berührt oder Wasser hineinschwappen kann, und über dem Wasserbad mit einem Schneebesen aufschlagen.

3 Mit dem Spachtel alle 1–2 Minuten vorsichtig rühren. Nach 5 Minuten den Schlagkessel in ein kaltes Wasserbad setzen und wieder mit dem Spachtel alle 1–2 Minuten vorsichtig rühren, bis die Masse erkaltet ist.

4 Für die Weihnachts-Schokoladensauce 125 g Sahne mit dem restlichen Honig (50 g) etwas erwärmen und dann mit einem Schneebesen Kakaopulver, Zimt, Kardamom und Muskat unterrühren. Aufkochen, abkühlen lassen und zu der Creme dazugeben.

5 Restliche Sahne (200 g) schlagen und in 2 Schritten unter die Eimasse ziehen.

6 Das Parfait in hohe Becher oder Wassergläser mit 7 cm Durchmesser füllen und einfrieren.

7 Wenn das Parfait nach 3–4 Stunden fest geworden ist, aus der Form nehmen (evtl. kurz in heißes Wasser stellen) und in 2 cm breite Stücke schneiden.

WEIHNACHTS-SCHOKOLADEN-PARFAIT

8 PORTIONEN

Vanilleschote	½
Ei	1
Salz	
Akazienhonig	100 g
Sahne	325 g
Kakaopulver	25 g
Zimt	1 TL
gemahlener Kardamom	2 Msp.
frisch geriebene	
Muskatnuss	1 Prise
Schlagkessel	evtl. 1
Becher oder Wassergläser	
mit ca. 7 cm	
Durchmesser	mehrere

🕐 ───────────────

schnell

Information: Knopfkekse entwickeln während der Lagerung deutlich Aroma. Verstecken Sie sie deshalb ein paar Tage vor Ihnen selbst.

Pflasterkekse

Während meiner Zeit als Restaurantchef des vegetarischen Restaurants »Abendmahl« in Berlin hatte ich eine Dessert-Eiscremeserie kreiert mit dem Namen »tödliche Eiscremes«. Ein Dessert daraus hieß »Delicious Hospital« und wurde mit einem Pflasterkeks serviert. Besonders beliebt war diese Kreation bei Krankenschwestern und Ärzten. Ich empfehle als leckeres Trostpflaster ein oder zwei Gebäckpflaster bei Liebeskummer, Weltschmerz, Fehlkäufen und Mieterhöhungen. Zu Nebenwirkungen und Risiken fragen Sie Ihren Bäcker oder Plätzchendealer. Essen, was gesund macht – fragen Sie nach einem Pflasterkeks

Zubereitung Vanille-Pflasterkekse

1 Backofen auf 175 °C vorheizen.

2 Für Vanille-Pflasterkekse Bittermandeln fein reiben. Mit gemahlenen Mandeln, Kamutmehl, Honig und Salz in einer Schüssel vermengen. Vanilleschote aufschlitzen, das Mark ausschaben und zum Mehl geben. Die eiskalte Butter zügig in kleinen Stückchen darüberschneiden.

CA. 50 VANILLE-PFLASTERKEKSE

Vanille-Pflasterkekse

Bittermandeln	8 g
gemahlene Mandeln	100 g
Kamutmehl	100 g
fester Akazienhonig oder milder Blütenhonig	100 g
Salz	1 Prise
Vanilleschote	1
eiskalte Butter	100 g
Weizenmehl zum Ausrollen	50 g

 –

mittel

Information: Die Pflasterplätzchen entwickeln während der Lagerung deutlich Aroma. Deshalb ein paar Tage mit der kulinarischen Wundversorgung warten.

Zubereitung Schoko-Kardamom-Pflasterkekse

1 Für Schoko-Kardamom-Pflasterkekse Kamutmehl, Honig, Salz, Zimt, Karda-mon, Kakaopulver und gemahlene Haselnüsse in einer Schüssel vermengen. Vanilleschote aufschlitzen. Mark ausschaben und zum Mehl geben. Die eiskalte Butter zügig in kleinen Stückchen darüberschneiden.

2 Die Zutaten für Vanille- bzw. Schoko-Pflasterkekse jeweils zusammen kurz mit der Hand vermengen. Sie müssen nicht perfekt verknetet werden und der Teig darf leicht marmoriert aussehen.

3 Die zwei Teigsorten jeweils in 2 Stücke teilen und zu je einem Rechteck mit 10 cm x 15 cm Kantenlänge formen. In Frischhaltefolie wickeln und 2–3 Stunden im Kühlschrank ruhen lassen.

4 Auf einer bemehlten Arbeitsfläche zu je zwei Rechtecken mit je 18 cm x 30 cm Kantenlänge ausrollen.

5 Mit dem Lineal je 2 Streifen à 6,5 cm x 30 cm und 2 Streifen à 2,5 cm x 30 cm abmessen und mit dem Messer abschneiden. Die breiteren Streifen längs in der Mitte auf 2,5 cm Breite mit etwas Wasser bepinseln. Die schmalen Streifen mithilfe eines Messers auf die angefeuchteten Streifen setzen und sanft andrücken.

6 Die Streifen quer mit dem Messer in 3 cm breite Stücke teilen und auf einem Backblech verteilen. Jeweils in der Mitte mit einen Stäbchen, z. B. einer Stricknadel, 4 kleine Löcher stechen. 10–15 Minuten auf einem Blech gold braun backen.

7 Plätzchen auf dem Blech auskühlen lassen und danach in einem luftdich-ten Behälter lagern.

Schoko-Kardamom-
Pflasterkekse

Kamutmehl	100 g
fester Akazienhonig oder anderer milder Blütenhonig	100 g
Salz	1 Prise
gemahlener Zimt	2 Msp.
gemahlener Kardamom	2 Msp.
Kakaopulver	25 g
fein gemahlene Haselnüsse	100 g
Vanilleschote	1
eiskalte Butter	100 g
Weizenmehl zum Ausrollen	50 g

🕐 _____

mittel

FRÜHSTÜCK

Schnelles Sesam-Vollkornbrot

Es ist Sonntag, kein Vollkornbrot im Haus und Frühstücksbesuch klingelt an der Tür. Kein Problem, Brot backen muss nicht immer lange dauern. Hier mal eine Version, die schnell geht.

Zubereitung

1 Backofen auf 200 °C vorheizen. In einer kleinen Schüssel die Hefe, 100 ml Wasser und 2 geh. EL Mehl zu einem Vorteig rühren. Mit einem Küchentuch abdecken und an einem warmen Ort 15–30 Minuten gehen lassen, bis sich dicke Blasen bilden.

2 Restliches Mehl, 80 g Sesam und Salz vermengen. Den Vorteig und 400 ml Wasser dazugeben. Alles kurz mit der Hand oder einem großen Löffel zu einem weichen Teig rühren.

3 Eine Backform ausfetten und mit Mehl bestäuben. Den Teig hineingeben, mit 20 g Sesam bestreuen und im Ofen ca. 60 Minuten backen. Dann das Brot sofort aus der Form nehmen und auf einem Rost abkühlen lassen.

Information: Statt der drei Getreidesorten kann auch nur Weizen oder Dinkel verwendet werden.

Der Teig ist sehr feucht, die Konsistenz ist ähnlich wie bei einem weichen Rührteig.

Wenn es einmal noch schneller gehen soll, können Sie auch den Vorteig überspringen und alle Zutaten auf einmal zusammenrühren. Dabei wird die frische Hefe nur mit etwas lauwarmem Wasser angerührt und die Trockenhefe mit dem Mehl vermengt. Ich mache den Vorteig auch deshalb, um zu testen, ob die Hefe aktiv ist. In 99 % der Fälle ist sie das. Nichtsdestoweniger ist es ärgerlich, wenn das Brot im Ofen steht, nicht aufgeht und alle Zutaten weggeschmissen werden müssen.

Das Brot schmeckt auch lecker mit Sonnenblumenkernen oder Kürbiskernen.

1 BROT À CA. 500 G		
frische Hefe	1 Würfel (42 g)	
oder Trockenhefe	2 Pkg.	
fein gemahlenes Vollkorn-Weizenmehl	200 g	
fein gemahlenes Vollkorn-Dinkelmehl	200 g	
grob gemahlenes Vollkorn-Roggenmehl	100 g	
Sesam	100 g	
Salz	2 geh. TL (15 g)	
Fett für die Form		

schnell

Vollkornbrot

Ein Mensch gelangt, mit Müh und Not, vom Nichts zum ersten Stückchen Brot.

Vom Brot zur Wurst geht's dann schon besser; der Mensch entwickelt sich zum Fresser

Und sitzt nun, scheinbar ohne Kummer, als reicher Mann bei Sekt und Hummer.

Doch sieh, zu Ende ist die Leiter: vom Hummer aus geht's nicht mehr weiter.

Beim Brot, so meint er, war das Glück. – Doch findet er nicht mehr zurück.

(Eugen Roth)

Zubereitung

1 100 ml lauwarmes Wasser mit der Hefe, 2 geh. EL Mehl und dem Honig verrühren und ca. 15 Minuten an einem warmen Ort gehen lassen, bis sich dicke Blasen bilden.

2 Roggenmehl, Weizenmehl, Kümmel und Salz miteinander vermengen. Den Vorteig, 250 ml lauwarmes Wasser, Essig, Sonnenblumenkerne, Sesam und Kürbiskerne dazugeben.

3 Mit der Hand vermengen und ca. 2 Minuten kneten. Der Teig sollte noch etwas feucht und klebrig sein. Zu einer Kugel formen, in eine bemehlte Schüssel setzen, die Oberfläche kreuzweise leicht mit einem Messer einritzen und mit Mehl bestäuben. Mit einem Küchentuch abdecken und an einem warmen Ort 30–60 Minuten gehen lassen, bis der Teig sich um ein Drittel vergrößert hat.

4 Den Teig nochmals ca. 2 Minuten gut durchkneten und in eine gefettete Backform setzen. Die Oberfläche mit nassen Händen glatt streichen. An einem warmen Ort 30–60 Minuten gehen lassen, bis der Teig sich nochmals um ein Drittel vergrößert hat.

5 Backofen auf 200 °C vorheizen und das Brot darin 10 Minuten backen, dann auf 180 °C 50 Minuten weiterbacken. Aus dem Ofen nehmen, etwas abkühlen lassen und auf einen Rost stürzen.

1 BROT À CA. 500 G

frische Hefe	1 Würfel (42 g)
oder Trockenhefe	1 Pkg.
Honig	1 TL
fein gemahlenes Roggenmehl	125 g
grob gemahlenes Roggenmehl	125 g
fein gemahlenes Weizenmehl	125 g
grob gemahlenes Weizenmehl	125 g
fein gemahlener Kümmel	2 Msp.
Salz	2 geh. TL (15 g)
Essig	60 ml
Sonnenblumenkerne	50 g
Sesam	50 g
Kürbiskerne	50 g

mittel

Dinkel-Fladenbrot

Die Fladen gehen auf wie kleine Ballons und lassen sich danach gut füllen, z. B. mit den Falafel.

Zubereitung

1 Hefe mit 100 ml lauwarmem Wasser und 50 g Mehl in einer Schüssel verrühren. Den Vorteig mit einem Küchentuch bedeckt an einen warmen Ort ca. 15 Minuten gehen lassen, bis sich dicke Blasen bilden.

2 Mehl mit Salz mischen und mit 230 ml lauwarmem Wasser und dem Vorteig vermengen. Den Teig 10 Minuten mit der Hand kneten (mit einer Küchenmaschine 5 Minuten) und zu einer Kugel formen. Der Teig sollte noch etwas klebrig sein.

3 Den Teig in eine leicht mit Mehl ausgestäubte Schüssel legen. Mit einem Messer in die Teigoberfläche ein Kreuz ritzen und mit etwas Mehl bestäuben. Schüssel mit einem Küchentuch abdecken und an einem warmen Ort 30–60 Minuten gehen lassen, bis sich das Teigvolumen ungefähr verdoppelt hat. Den Teig nochmals ca. 2 Minuten gut durchkneten.

4 Backofen auf höchster Stufe vorheizen. Den Teig in 50 g schwere Stücke teilen und zu Kugeln formen. Mit einem Nudelholz zu runden Fladen mit ca. 10 cm Durchmesser ausrollen und auf ein gefettetes Backblech setzen. Mit einem Küchentuch abdecken und nochmals ca. 15 Minuten gehen lassen.

5 Die Fladen ca. 8 Minuten im Ofen backen und auf einem Rost abkühlen lassen.

16 STÜCK À 50 G

frische Hefe	½ Würfel (21 g)
oder Trockenhefe	½ Pkg.
Vollkorn-Dinkelmehl	500 g
Salz	1½ TL
Fett für das Blech	

🕐

mittel

Kernige Brötchen

Zu diesen Brötchen hat mich mein Yogafreund Thomas inspiriert. Mit Crème fraîche werden die Brötchen herrlich saftig und sind auch noch am nächsten Tag ein Schmankerl. Ganz besonders lecker schmecken sie mit etwas Butter und Feigenmarmelade. Wenn die Feigen richtig vollreif und süß sind, eignen sie sich hervorragend für eine roh gerührte Marmelade. Dazu werden die Früchte einfach klein geschnitten oder mit einer Gabel zerdrückt, evtl. mit etwas Honig verrührt und roh aufs Brötchen gegeben. Das ist moderne Küche – frisch, naturbelassen, lecker.

Zubereitung

1 Hefe mit 100 ml lauwarmem Wasser und 2 geh. EL Mehl in einer Schüssel verrühren. Vorteig mit einem Küchentuch bedeckt an einem warmen Ort 15–30 Minuten gehen lassen, bis sich dicke Blasen bilden.

2 Mehl mit Salz und 80 g Sesam, Sonnenblumen- oder Kürbiskernen mischen. Mit 100 ml lauwarmem Wasser und Crème fraîche oder Schmand vermengen und mit dem Handrührgerät 2–3 Minuten zu einem sehr feuchten Teig rühren.

3 Eine Schüssel mit Mehl ausstäuben. Den Teig zu einer Kugel formen, in die Schüssel legen und mit einem Küchenhandtuch bedeckt an einem warmen Ort (ca. 30 °C) 30 Minuten gehen lassen. Anschließend nochmals kurz durchkneten.

4 Mit nassen Händen in 50 g schwere Stücke teilen, zu Kugeln formen und auf ein mit Olivenöl bestrichenes Backblech setzen. Mit 20 g Sesam, Sonnenblumen- oder Kürbiskernen bestreuen.

5 Die Teigstücke mit einem Küchentuch bedeckt an einem warmen Ort nochmals 15 Minuten gehen lassen. Backofen auf 200 °C vorheizen.

6 Brötchen mit Wasser besprühen und im Ofen 20–30 Minuten backen.

20 BRÖTCHEN

frische Hefe	½ Würfel (21 g)
oder Trockenhefe	1 Pkg.
Vollkorn-Weizenmehl	
oder Vollkorn-Dinkelmehl	450 g
Salz	1 geh. TL
Sesam, Sonnenblumen-	
oder Kürbiskerne	100 g
Crème fraîche oder	
Schmand	200 g

🕐

mittel

Information: Die Brötchen können gut eingefroren werden.

Bagel

Wieso hat der Bagel ein Loch? Das Besondere an der Zubereitung dieser jüdischen Spezialität ist, dass der Teig vor dem Backen in Wasser gekocht wird. Das Loch in der Mitte diente ursprünglich dem Transport an Holzstangen, so konnte man auch vor dem Ende des Sabbats den Teig bewegen.

Zubereitung

1 Die Hefe in 100 ml lauwarmem Wasser in einer Schüssel auflösen und mit 50 g Mehl vermengen. An einem warmen Ort 30 Minuten gehen lassen, bis der Vorteig Blasen bildet. Restliches Mehl mit 2 geh. TL Salz und 550 ml lauwarmem Wasser vermengen und mit der Hand ca. 10 Minuten kräftig durchkneten.

2 Den Teig in eine leicht mit Mehl ausgestäubte Schüssel legen. Mit einem Messer ein Kreuz in die Teigoberfläche schneiden und mit etwas Mehl bestäuben. Mit einem Küchentuch bedeckt an einem warmen Ort ca. 30–40 Minuten gehen lassen, bis sich das Teigvolumen verdoppelt hat. Den Teig nochmals 2 Minuten durchkneten.

3 Den Teig in 100 g schwere Stücke aufteilen, die Stücke zuerst zu Kugeln, dann daraus zu 20 cm langen Rollen formen. Aus jeder Rolle einen Kringel formen und die Enden zusammenpressen. Auf ein mit Mehl bestäubtes Backblech legen. Die Bagel-Rohlinge mit einem Küchentuch abdecken und nochmals ca. 10 Minuten gehen lassen.

4 Backofen auf 220 °C vorheizen. Einen weiten Topf mit leicht gesalzenem Wasser mit dem Honig zum Kochen bringen. Die Bagel-Rohlinge vorsichtig einzeln in das kochende Wasser setzen. Sie sollten locker schwimmen können und sich nicht berühren. Den Topf mit einem Deckel schließen und 2 Minuten bei geringer Hitze köcheln lassen.

5 Bagel mit einer Schaumkelle aus dem Wasser heben und auf einem Rost abtropfen lassen. Nach Belieben mit Sesam, Mohn, Sonnenblumenkernen oder Kürbiskernen bestreuen. Auf einem leicht geölten Backblech im Ofen ca. 20–25 Minuten goldbraun backen.

CA. 17 BAGEL

frische Hefe	1 Würfel (42 g)
Vollkorn Weizenmehl	1 kg
Salz	
Honig	1 geh. EL
Mohn, Sesam,	
Sonnenblumenkerne	
oder Kürbiskerne	
nach Belieben	
zum Bestreuen	

🕐

lang

Cashew-Dattel-Creme

Diese vegane Creme ist vielseitig einsetzbar: Sie schmeckt als Aufstrich aufs Brot, auf
Brötchen oder Toast. Aber auch als Tortenfüllung oder Dessert ist sie ein Highlight.
Mit mehr Flüssigkeit erhalten Sie eine cremige Sauce, die z. B. hervorragend mit Obst-
salat oder Kuchen harmoniert. Variieren Sie die Creme mal mit Kakaopulver, Orangenzesten oder Chili. Anything goes.

Zubereitung

1 Cashewkerne in eine kleine Schüssel geben und so viel Wasser dazu
geben, dass es fingerbreit über den Cashewkernen steht. 12 Stunden einweichen.

2 Wasser abgießen, 75 ml davon zu den Cashewkernen zurückgießen oder
stattdessen 75 ml Orangensaft verwenden.

3 Datteln entsteinen und grob hacken. Alle Zutaten im Standmixer oder mit
einem Pürierstab fein mixen.

4 PORTIONEN

Cashewkerne	200 g
Datteln	150 g
süßer Orangensaft	evtl. 75 ml
Vanille	1 Prise
Zimt	1 Prise
Salz	1 Prise

🕐

schnell

Information: Es gibt viele Dattelsorten. Ich bevorzuge Medjool-Datteln.
Im Kühlschrank ist die Creme mindestens eine Woche haltbar.

Brotaufstriche

Are you going to Scarborough Fair? Parsley, sage, rosemary, and thyme …
(Simon and Garfunkel)

Mindestens einen dieser drei Aufstriche habe ich ständig im Kühlschrank. Der Grünkern-aufstrich schmeckt schon kräftig nach Landluft und Abendbrot. Grünkern ist gedarrter Dinkel, der eine leicht geräucherte Note hat. Petersilie, Salbei, Rosmarin und Thymian würzen ihn rund und frisch. Butter ist schon drin, und mit einer Scheibe Vollkornbrot erleben Sie das erfolgreichste Duo der Welt.

Zubereitung Grünkernaufstrich

1 Grünkern in der Getreidemühle, im Flocker oder im Küchenmixer grob schroten. Gemüsefond zusammen mit Senf in einem Topf aufkochen. Grünkern zügig mit einem Schneebesen einrühren, aufkochen lassen und ca. 1 Minute kochen, bis die Masse beginnt anzusetzen.

2 Topf von der Platte nehmen und mit einem Deckel schließen. 15 Minuten quellen und anschließend abkühlen lassen.

3 Zwiebel schälen und sehr fein hacken. Petersilie, Salbei, Rosmarin und Thymian fein hacken.

4 Butter mit dem elektrischen Handrührgerät oder der Küchenmaschine 10 Minuten schaumig schlagen. Grünkernmasse, je 1 gch. TL Kräuter und Zwiebeln unterrühren. Mit Salz, Pfeffer und Senf abschmecken.

CA. 400 G BROTAUFSTRICH;
25–30 G PRO SCHEIBE BROT ____

Grünkernaufstrich

Grünkern	100 g
Gemüsefond	200 ml
Senf	1 TL
Zwiebel	1 (50 g)
frische Petersilie	
frischer Salbei	
frischer Rosmarin	
frischer Thymian	
weiche Butter	75 g
Salz	
frisch gemahlener	
schwarzer Pfeffer	

mittel

Information: Der Aufstrich schmeckt frisch am besten, ist aber im Kühl-schrank 4–7 Tage haltbar.
Ohne Zwiebeln ist er zwar weniger kräftig, aber besser lagerfähig. Er kann gut eingefroren werden.

Zubereitung Möhrenbutter

1 Zwiebel schälen und sehr fein hacken. In einer Pfanne im Olivenöl glasig dünsten und abkühlen lassen lassen. Möhren waschen und fein raspeln.

2 Butter mit dem Handrührgerät oder in der Küchenmaschine 10 Minuten schaumig schlagen. Tomatenmark, Salz und Pfeffer dazugeben und verrühren. Zuletzt die geraspelten Möhren unterheben.

Information: Im Kühlschrank ist die Butter 4–7 Tage haltbar. Sie kann gut eingefroren werden.

Möhrenbutter

Zwiebel	½ (25 g)
Olivenöl	2 EL
Möhren	100 g
weiche Butter	125 g
Tomatenmark	30 g
Salz	1 TL
frisch gemahlener schwarzer Pfeffer	2 Msp.

🕐 ───────────

mittel

Zubereitung Guacamole

1 Avocado entkernen und das Fruchtfleisch aus der Schale kratzen. Zwiebel schälen und fein hacken. Avocado und Zwiebel mit Zitronensaft, Senf und Salz kurz vermengen. Die Masse darf noch kleine Stückchen enthalten.

2 Mit Salz, Pfeffer oder Chili, durchgepresstem Knoblauch und frischen Kräutern abschmecken.

Guacamole

Avocado	350 g (geschält und entsteint gewogen)
Zwiebel	25 g
Zitronensaft	1 EL
Senf	1 geh. TL
Salz	1 gestr. TL
frisch gemahlener schwarzer Pfeffer oder Chilipulver	
Knoblauch	
frische Kräuter	

🕐 ───────────

schnell

Information: Guacamole ist sehr empfindlich und bekommt selbst mit Zitronensaft schnell eine graue Farbe. Oft ändert sich der Geschmack schon nach einer Stunde. Die Guacamole wird dann fad und wässerig. Am besten sofort verputzen. Sie eignet sich nicht zum Einfrieren.

Nuss-Schoko-Creme

Wenn Sie zu den Süßen gehören, die morgens gern ein Brötchen mit Nusscreme essen, dann versuchen Sie mal diese! Der Geschmack lässt sich mit gerösteteten Nüssen, etwas Zimt, Orangenzesten oder Vanille variieren.

Als Schmankerl für zwischendurch fülle ich die frisch zubereitete Nusscreme in Konfektschälchen und friere sie ein. Nach ein paar Stunden, wenn die Masse fest gefroren und es Zeit für Lindenstraße, South Park oder Tatort ist, wird es wie im Kino als Eiskonfekt vernascht.

Zubereitung

1 Butter mit dem Handrührgerät ca. 10 Minuten schaumig schlagen. Die übrigen Zutaten unterrühren und die Creme kalt stellen.

CA. 20 PORTIONEN

weiche Butter	150 g
Haselnuss- oder Mandelmus	100 g
Honig	100 g
Kakaopulver	30 g
Salz	1 Prise

schnell

Information: Die Nuss-Schoko-Creme kann im Kühlschrank mindestens eine Woche gelagert werden und lässt sich gut einfrieren.

Wussten Sie, dass eine konventionelle Haselnuss-Schoko-Creme aus dem Supermarkt oder auch aus dem Bioladen bis zu 35 % Zucker enthält? Ein 500-g-Glas enthält somit die enorme Menge von 175 g Zucker, das entspricht 58 Stück Würfelzucker. Auf einer Scheibe Brot mit Haselnuss-Schoko-Creme schmiert man sich dann eine Zuckermenge, die 3–5 Stückchen Würfelzucker entspricht. Damit der Verbraucher nicht von dem hohen Zuckergehalt abgeschreckt wird, wird er oftmals auf der Zutatenliste unter dem Begriff Kohlenhydrate versteckt – das klingt gleich viel gesünder. Und damit das Produkt einen noch gesünderen Touch bekommt, werden auf der Zutatenliste Calcium, Eisen und Vitamingehalt mit empfohlener Tagesdosis aufgelistet. Meine Empfehlung: Machen Sie Ihre Nuss-Schoko-Creme selbst, da wissen Sie, was drin ist.

Cashew Cheese

Ein würziger Aufstrich für alle, die keine Milchprodukte vertragen oder vegan leben möchten. Meine Freunde sind immer ganz begeistert, wenn ich diesen Aufstrich zum Frühstück mitbringe. Die Zubereitung dauert zwar etwas länger, doch der Aufwand lohnt sich.

Zubereitung Cashew Cheese

1 Cashewkerne in eine kleine Schüssel geben und so viel Wasser dazugeben, dass es fingerbreit über den Cashewkernen steht. 12 Stunden einweichen. Dann das Wasser abgießen.

2 Nüsse mit Rejuvelac und Salz in der Küchenmaschine oder mit dem Pürierstab fein pürieren. Ein Sieb mit einem angefeuchteten Nesseltuch (z. B. einer Stoffwindel) auslegen und die Masse einfüllen. Mit den überhängenden Tuchenden bedeckt an einem warmen Ort (Zimmertemperatur) 12 Stunden ziehen lassen.

3 Die Masse mit einem Messer vom Tuch schaben und mit Salz, Pfeffer und evtl. Kräutern würzen. In den Kühlschrank stellen und gut gekühlt servieren.

Zubereitung Rejuvelac (Brottrunk)

1 Der Brottrunk wird zum Trinken oder zur Käseherstellung verwendet und kann eingefroren werden.

2 Weizen kalt abwaschen. An der Oberfläche schwimmende Teile entfernen. Weizen in ein Glas geben, 200 ml Wasser und Zitronensaft hinzufügen.

3 Das Glas mit Gaze, Tüll oder Nessel abdecken. An einem dunklen Ort (z. B. im Küchenschrank) 48 Stunden gären lassen. Es bilden sich Blasen und die Flüssigkeit wird leicht milchig.

4 Nach 48 Stunden umrühren und die Flüssigkeit abgießen und auffangen, wenn die Samen sich wieder abgesetzt haben.

5 Den Weizen wieder mit 200 ml Wasser auffüllen und nach 24–48 Stunden erneut abgießen. Das kann insgesamt 3–4-mal wiederholt werden.

CASHEW CHEESE

Cashewnüsse (Bruch)	200 g
Rejuvelac	100 ml
Salz	1 gestr. TL
frisch gemahlener schwarzer Pfeffer	
evtl. frische Kräuter	

🕐

schnell

REJUVELAC (BROTTRUNK)

Weizen	100 g
Zitronensaft	einige Tropfen

🕐

lang

Information: Der Cashewkäse kann gut eingefroren werden. Cashewkerne aus dem Supermarkt oder auch aus dem Bioladen sind in der Regel erhitzt worden. Wenn Sie Wert auf absolute Rohkostqualität legen, recherchieren Sie nach Firmen, die unbehandelte Nüsse anbieten.

Frischkornmüsli

Das Frischkornmüsli ist das Herzstück der vitalstoffreichen Vollwerternährung. Bekannter ist dieses energiespendende Frühstück als Bircher-Müsli. Der Schweizer Arzt Bircher-Benner hat es vor etwa hundert Jahren kreiert. Es ist schnell zubereitet, vitalstoffreich, preiswert und schmeckt auch mal klasse als Dessert.

Zubereitung

1 Getreide in der Getreidemühle, dem Küchenmixer oder der Kaffeemühle grob schroten oder mit einem Flocker zu Getreideflocken quetschen. In 10 EL Wasser über Nacht, mindestens aber 5 Stunden einweichen. Flocken nur ca. 10 Minuten einweichen.

2 Banane mit einer Gabel zerdrücken. Apfel waschen und klein schneiden, Stücke mit etwas Zitronensaft beträufeln. Getreide, Apfelstücke und geriebene Nüsse unter die Banane rühren. Frisches Obst der Saison waschen, klein schneiden und dazugeben.

3 Sahne nach Belieben schlagen und unterheben

Information: So kann man das Müsli variieren: Banane in Scheiben oder Stücke schneiden, sie sind dann weniger süß als mit der Gabel zerdrückte. Äpfel raspeln oder fein reiben. Ganze Nüsse machen das Müsli knackiger. Wer sein Müsli flüssiger mag, verwendet mehr Wasser als für die bissfeste Variante. Es sollten wirklich nur frische, naturbelassene Zutaten verwendet worden – schließlich ist es ein Frischkornmüsli. Also keine Trockenfrüchte wie Rosinen etc. oder gekochtes Obst verwenden. Zusammen mit dem Getreide könnte das zu Blähungen führen. Joghurt, Quark, Kefir usw. sind erhitzte Lebensmittel, die ebenfalls nicht ins Müsli gehören. Variieren Sie das Getreide, essen Sie nicht wochenlang nur eine Sorte. Achten Sie beim Kauf des Getreides darauf, dass es nicht wärmebehandelt ist, denn dadurch verliert es an Vitalkraft. Die Enzyme werden dabei weitgehend zerstört und Eiweiß wird denaturiert. Die Sprießfähigkeit ist die Garantie für seine Lebendigkeit. In einigen Bio-Läden oder Reformhäusern erhalten Sie auch spezielle Sprießkorngetreide.

1 PORTION

Getreide (z. B. Hafer, Weizen, Roggen, Gerste, Dinkel)	3 EL (ca. 50 g)
Banane	1
Apfel	1
etwas Zitronensaft	
gemahlene Haselnüsse	2–3 EL
frisches Obst der Saison (Erdbeeren, Weintrauben, Mangos, Kirschen, Kiwis, Orangen, Granatäpfel, Mandarinen, Stachelbeeren, Heidelbeeren, Melonen, Ananas, Johannisbeeren, Brombeeren, Heidelbeeren, Birnen etc.)	100 g
Sahne	1 EL

schnell

Sinnliche Kompositionen

Ein einzelnes gutes Gericht ist wie ein reiner Ton – eine schöne Melodie wird aber
erst daraus, wenn Sie die passenden Töne aneinander reihen. Die hohe Kunst der
Menüzusammenstellung besteht deshalb darin, Gerichte so zu kombinieren, dass alle
Geschmacksnerven betört werden und das Menü eine Reise durch die sinnlichen
Gaumenwelten ist. Wenn Ihnen das gelingt, ist das Menü sehr viel mehr als die
Summe seiner einzelnen Gerichte.

In meinen Menüvorschlägen finden Sie Menüs für warme Sommerabende und kalte
Winternächte. Sie finden Menüs, die schnell zubereitet sind und andere, die für außer-
gewöhnliche Anlässe kreiert wurden.

Schon zu Zeiten des *Abendmahl* habe ich meinen Menüs Namen gegeben. Versuchen
Sie es selbst mal bei Ihren Menükreationen – Sie werden merken, dass das mindestens
genauso viel Spaß macht wie das Kochen selbst und obendrein bei den Gästen ein
amüsantes Rätselraten auslösen kann.

Leidenschaft made in Italy
Spinatsalat mit Champignons (S. 50)
Pizza Margherita (S. 100)
Panna Cotta mit Holunder-Apfel-Kompott (S. 168)
(Panna Cotta-Rezept wie Creme Caramel ohne Caramel)

Yoga a gogo
Kohlrabi-Möhren-Salat (S. 54)
Reistafel (S. 106)
Avocado-Schoko-Mousse auf Orangen-Plätzchen (S. 154)

Wenn Engel reisen
Champignon-Carpaccio, Bagel mit Creamcheese oder
Cashew Cheese (S. 44, 194, 204)
Cannelloni mit Grünkohl (S. 104)
Mandarinensorbet (S. 176)

I was born for Luxury
Erbsensuppe mit Minze und Chili (S. 70)
Artischocken mit Himbeervinaigrette (S. 40)
Fettuchine mit Schwammerlsauce (S. 110)
Rum-Trauben-Nusseiscreme (S. 174)

Pearls of Acapulco
Caesar Salad (S. 60)
Chili con frijoles mit Mexican Cigars (S. 118)
Erdnusskrokant-Parfait mit Erdbeeren (S. 172)

Rue de Bikini Rouge
Rote-Bete-Suppe (S. 66)
Mangoldquiche an Gartensalat mit Blüten (S. 144)
Crème Caramel (S. 168)

Wenn der Kosmonaut mit dem Astronaut
Borschtsch (S. 72)
Piroggen mit Sauerkraut (S. 134)
Reispudding mit Orangen-Kumquat-Kompott (S. 170)

Heimweh mixed in Germany
Niedersächsische Linsensuppe (S. 68)
Wirsingklöße mit Spitzmorchelrahm und
Kartoffelplätzchen (S. 122, 124)
Marzipankartoffeln (S. 158)

Hot Guccci
Möhrensuppe mit Koriander (S. 78)
Austernpilze mit Mandelpanade, Spargel mit Hollandaise und Salzkartoffeln (S. 140, 146)
Birnenstrudel mit Schlagsahne und Schokoladensauce (S. 152, 175)

Sauerkrautpolka de luxe
Feldsalat mit Kürbiskernölvinaigrette (S. 56)
Grünkernklöße mit Rahmsauerkraut und Kartoffelpüree
(S. 84, 128)
Bratapfel mit Vanillesauce (S. 156)

Affäre Johnny Riviera
Frühlingssuppe mit Dinkel-Grünkern-Klößchen (S. 74)
Risi e Bisi mit Pfifferlingen (S. 88)
Joghurteisceme mit frischen Feigen (S. 176)

Mein Weihnachtsmann heißt Uschi
Topinambursuppe (S. 80)
Semmelknödel mit Schwammerlsauce, Broccoli und
Honig-Thymian-Jus (S. 110, 126)
Weihnachts-Schokoladen-Parfait mit Schlagsahne und
Knopfkeksen (S. 178)

211

Danksagung

An dieser Stelle möchte ich mich bei all den Menschen bedanken, die mich auf meinem Weg als Bürokaufmann, Rockstar, Schauspieler, Koch, Yoga-Hero, Gesundheitsberater und Supermutti inspiriert haben und daran teilhatten, dieses Kochbuch zu realisieren:

Meiner ersten Schulband »Bastard«, Carlo Bührig und Franz Schröder. Außerdem Monika Hellwegen und Azul, Sepp Aman, Cathrin the Great, Anette Piepenbrink, S.E.W. (Schwules Ensemble West-Berlin), Wolfgang Amelung, Gerald Rissmann, Thomas Goerke, Ulrich Gehner, Heike Hanold-Lynch, Nicole Verheyden, Christiane Swienteck, Gabriele Stadelmann, Catrin Sieglinski, Svenja Fox, Laini Xmas, Nina von Rauch, Radha und Pierre, Rob, Andrea und Thomas Wieneke, Holger Kunkel, Sharon Adler und Christiane von mjot für Dekorationsobjekte und Kinkerlitzchen.

Vielen, vielen Dank an den BLV Verlag, der es mir ermöglichte, mit meinen Rezepten und Fotos die Hitparaden zu stürmen. Besonderen Dank an Frau Dr. Margit Roth für ihre professionelle Beratung und Hilfe, alle kleinen und großen Hürden zu meistern. Ebenso an Bettina Snowdon für ihre fachmännische Korrektur Rezepte und Texte in die richtige Form zu bringen.

Alexander Wolf, Merci für die tausend geduldigen Stunden, die wir seit zwanzig Jahren vor dem Computer verbringen, und für Deine Freundschaft.

Nachträglich meinen Dank an das Team vom Restaurant *Abendmahl*, das mit mir fünfzehn Jahre das poppige Kirchenschiff durch viele kulinarische Moden, Manierismen, Premieren, Hits und Flops durchsegelt hat: Martin Kraft, Roland Göbel, Magret Radizswska, Kamil Elhadi, Ulrike Bruch, Mario Sorge, Bülent, Thomasz, Youshe, Antonio, Gudrun, Hauke, Lisa, Anne, Petra Ganzberg, Andreas Matthes, Uschi Rapp, Marco Saba, Silke, Stefano, Daniela Tenkmann, Sergio Cataneo, Rachel McLaughlin (I wanna have my shoelaces back) Karin Krupp, Johannes Emken, Sandra Miriam Schneider, Gary Schatmeyer, H.N Semjon, Den Poser, Carmen Kratzenberg. Last but not least the »Dizzy Shadows« Franziska, Peter und Joe die beim »Essen im Dunkeln« immer für den richtigen Sound gesorgt haben.

Besonderer Dank an alle Gäste, die während dieser Zeit das *Abendmahl* besuchten, und dabei geholfen haben, es zu dem zu machen, was es war. Mille grazie Matthias Frings, Andrea Montag, Ben Posener.

Extra-Dank gebührt meinen Geschwistern Ulla, Melen und Heiko, meiner Mutter, Jenny, Benjamin und Kim, die meine ersten Kochversuche und späteren vegetarischen Nouvelle-Cuisine-Kreationen immer wieder mit Neugier, Geduld, Anerkennung und gnadenloser familiärer Kritik begleitet haben.

Mein allergrößter Respekt und meine Hochachtung gelten der Gesellschaft für Gesundheitsberatung (GGB), den Grünen, Greenpeace, Peta, Foodwatch und allen Organisationen, die mit ihrem unermüdlichen Einsatz unsere Welt friedlich und lebenswerter gestalten.

Udo Einenkel

Literaturempfehlungen

Leider wird man die Frage nach der richtigen Ernährung nie gänzlich beantworten können, auch wenn es immer wieder von wissenschaftlicher Seite, von Ernährungsberatern und selbsternannten Gurus versucht wird. Der Mensch besitzt einen freien Willen und hat von der Natur keinen Beipackzettel zur perfekten Ernährung mitbekommen. Wir müssen selbst herausfinden, was gut für uns ist, und das ist nicht so einfach.

Deshalb sollte man sich immer wieder informieren und Lebensmittel kritisch hinterfragen, um gesund zu leben.

Ich habe hier ein paar Bücher aufgelistet, die mir geholfen haben, mich im Informationsdschungel Ernährung zu orientieren, und die mir Einblicke in verschiedene Ernährungsphilosophien gegeben haben.

Dr. Max-Otto Bruker: **Unsere Nahrung, unser Schicksal**
Klassiker der vitalstoffreichen Vollwert-Ernährung

Dr. Max-Otto Bruker, Ilse Gutjahr: **Zucker, Zucker**
Zucker und die Folgen für unsere Gesundheit

Karl v. Koerber, Thomas Männle, Claus Leitzmann:
Vollwert-Ernährung
Fachlich fundiert und gut verständlich geschriebener Überblick über eine zeitgemäße, abwechslungsreiche Vollwerternährung

Dr. Ralph Bircher: **Bircher-Benner**
Leben und Lebenswerk. Spannende Biografie über Dr. Maximilan Bircher-Benner

Marysia Morkowska, Armin Zogbaum: **Rohe Lust**
Rezepte und Informationen zur Rohkost

Charlie Trotter, Roxanne Klein: **Raw**
Rohkostkochbuch für Gourmets. Leider nur in englischer Sprache erhältlich

Juliano: **The Uncook Book**
Leckere Rohkost für jeden Tag. Leider nur in englischer Sprache erhältlich

Annette Sabersky: **Bio drauf – Bio drin**
Kleiner Wegweiser durch den Bio-Dschungel

Claus Leitzmann: **Vegetarismus**
Grundlagen, Vorteile, Risiken der vegetarischen Ernährung

Christian Opitz: **Ernährung für Mensch und Erde**
Basis für eine neue Ethik des Essens

Hans-Ulrich Grimm: **Die Suppe lügt**
Informatives Buch über den ganz normalen Wahnsinn der Lebensmittelchemie.

Thilo Bode (Foodwatch): **Die Essensfälscher**
Was uns die Lebensmittelkonzerne auf den Teller lügen.

Register

Über den Autor

Die Wege, die aus einem Koch einen Autor werden lassen, sind so manches mal verschlungen. Bei Udo Einenkel waren sie sogar sehr verschlungen. Aufgewachsen ist er in Nenndorf und Burgdorf bei Hannover.

Nach der Berufsfachschule für Ernährung und einer Ausbildung zum Bürokaufmann ging er nach Berlin, um Schauspieler und Rockmusiker zu werden, was als Schlagzeuger der Band »Catherine the Great« auch glückte. 1990 nahm sein Leben eine entscheidende Wendung – im von ihm eröffneten vegetarischen Restaurant *Abendmahl* sollten sein Kochwissen, seine

Überzeugung als Vegetarier und seine Kreativität auf geniale Art verbunden werden. Gäste und die Presse liebten seine Gault-Millau prämierten Gerichte, für seine Dessert Kreationen erlangte er weit über Berlin hinaus Kultstatus. Im *Abendmahl* tummelten sich Stars wie Lou Reed, Nina Hagen und die Pet Shop Boys. Jeder wollte wissen, was sich hinter den tödlichen Eisencremes verbirgt. Nach 15 Jahren Kreativität und Restaurantstress war es genug – 2005 schloss das *Abendmahl* seine Pforten – Udo Einenkel wollte mehr über gesunde Ernährung wissen und entschied sich für die Ausbildung zum ärztlich geprüften Gesundheitsberater. Als Ernährungsberater und Seminarkoch ist er in Europa unterwegs und hat seither schon unzählige Menschen davon überzeugt, dass gesundes Essen auch lecker sein und appetitlich aussehen kann. Schon zu *Abendmahl*-Zeiten hat sich Udo Einenkel auch einen Namen als Food-Fotograf gemacht. Das Ergebnis all seiner Erfahrungen, Überzeugungen und seines Könnens als Koch, Gesundheitsberater und Fotograf können Sie in diesem Kochbuch vereint sehen.

Mehr von und über Udo Einenkel finden Sie auch unter
www.udoeinenkel.de und
www.abendmahl-berlin.de

Bibliografische Information der
Deutschen Nationalbibliothek
Die Deutsche Nationalbibliothek verzeichnet diese
Publikation in der Deutschen Nationalbibliografie;
detaillierte bibliografische Daten sind im Internet über
http://dnb.d-nb.de abrufbar.

Taschenbuchausgabe der 1. Auflage des Titels
»Vegetarische Verführungen«

BLV Buchverlag
GmbH & Co. KG
80797 München

© 2015 BLV Buchverlag GmbH & Co. KG, München

Bildnachweis:
alle Fotos von Udo Einenkel
außer S. 218: Sharon Adler

Umschlagfotos:
  Vorderseite: Udo Einenkel
  Rückseite: Sharon Adler

Lektorat: Dr. Margit Roth, Bettina Snowdon
Herstellung: Angelika Tröger
Layoutkonzept Innenteil: Kochan & Partner GmbH,
  München
DTP: Satz & Layout Peter Fruth, München

Gedruckt auf chlorfrei gebleichtem Papier

Printed in Germany
ISBN 978-3-8354-1367-2

 www.facebook.com/blvVerlag

Vegan kochen für Anfänger

Rose Marie Donhauser
Start vegan!
Alle Basics zu ausgewogener Ernährung und veganen Zutaten. In drei
Lektionen vom Einsteiger bis zum veganen Genießer. Speziell vegan
entwickelt: 130 innovative Rezepte für jeden Tag – von Snacks und
Smoothies über klassische Hauptspeisen bis zu süßen Kreationen.
ISBN 978-3-8354-1238-5